일기 쓰기, 어떻게 시작할까

글쓴이 윤태규 선생님은

1950년 경상 북도 영주에서 태어나 안동 교육 대학에서 공부했습니다.
오랫동안 경상 북도에 있는 초등 학교에서 아이들 삶을 가꾸는 글쓰기 교육을
해 오고 있습니다. 교사와 학부모를 위한 새로운 일기 지도 길잡이 책
《일기쓰기, 어떻게 시작할까》와 1996년에 가르친 1학년 아이들이 쓴
일기모음집 《내가 처음 쓴 일기》를 펴냈고, 1학년을 가르친 4년 동안의
교단 일기를 묶어 《선생님, 나 집에 갈래요》를 펴내기도 했습니다.
지금은 대구 금포 초등 학교에서 아이들을 가르치고 있습니다.

일기 쓰기, 어떻게 시작할까
교사와 학부모를 위한 새로운 일기 지도 길잡이

1998년 5월 10일 1판 1쇄 펴냄 | 2020년 8월 4일 1판 27쇄 펴냄 | **글쓴이** 윤태규 | **펴낸이** 유문숙 | **편집** 김신철, 남우희, 신옥희 | **제작** 심준엽 | **영업** 안명선, 양병희, 조현정 | **잡지 영업** 이옥한, 정영지 | **새사업팀** 조서연 | **대외 협력** 신종호, 조병범 | **경영 지원** 임혜정, 한선희 | **인쇄와 제본** (주)천일문화사 | **펴낸 곳** (주)도서출판 보리 | **출판 등록** 1991년 8월 6일 제9-279호 | **주소** (10881) 경기도 파주시 직지길 492 | **전화** (031)955-3535 | **전송** (031)955-3533 | **누리집** www.boribook.com | **전자 우편** bori@boribook.com

교사와 학부모를 위한 새로운 일기 지도 길잡이

일기 쓰기, 어떻게 시작할까

윤태규 지음

보리

일기로 열어 가는 세상

이 책은 초등학교 1학년 일기 쓰기 지도가 중심이 되어 있다. 그러나 초등학교 1학년만 지도하자고 내놓는 책이 결코 아니다. 초등학교 1학년에서 대학생이나 어른에 이르기까지 모두 읽어 보았으면 하는 뜻에서 쓴 책이다.

어머니들도 읽고 아버지들도 읽고, 선생님들도 읽고 학생들도 읽고, 농사꾼도 읽고, 노동자들도 읽고, 대통령도 읽어서 모두모두 일기를 쓴다면 얼마나 좋을까.

누가 자살을 했다는 신문 기사를 보면 나는 일기를 생각한다. 사람을 죽이고 돈을 빼앗아 갔다는 이야기를 들으면 일기가 생각난다. 높은 사람이 감옥소에 드나드는 뉴스를 보면서도 일기를 생각했다. 지구 어느 구석에서 전쟁이 터졌다는 뉴스를 볼 때도 일기를 떠올렸다.

그렇다. 일기다. 일기를 써야 한다. 온 세상 사람이 모두 일기를 쓴다면 틀림없이 세상은 아름다워질 것이다.

강도가 일기를 쓴다. 어떻게 쓸까?

오늘은 한 사람밖에 죽이지 못했고 겨우 100만 원밖에 빼앗지 못했다. 아쉽다. 하마터면 경찰에게 덜미가 잡힐 뻔했다. 내일은 좀더 철저한 계획을 세워서 두 사람을 죽이고 1,000만 원은 더 빼앗아야지. 내가 누구냐? 이 판에서 10년이나 굴러먹은 베테랑이 아니냐?

아무리 흉악한 강도라도 이렇게 일기를 쓰지는 않을 것이다. 그럼 어떻게 쓸까? 적어도 사람을 죽인 것에 대한 자기 변명이라도 늘어놓지 않겠는가? 그럴 수밖에 없었다는 핑계라도 대지 않겠는가? 그렇게 날마다 쓴다고 생각해 보자. 점점 흉악한 강도가 되어 갈까? 아니면 차츰 반성하고 새 삶을 살아가게 될까?

문제는 일기를 쓰지 않는다는 데 있다. 일기 쓰기 지도를 열심히 하는 교사도, 날마다 아이 일기를 살피는 열성 있는 학부모도 정작 자신은 일기를 쓰지 않는다. 쓰는 사람이라고는 초등학생뿐이다. 그런 초등학생도 나중에 교사가 되고 부모가 되면 스스로 쓰지는 않고 아이들만 닦달할 것이다.

새로 시작해 보자. 일기 쓰기 지도에 혁명이 있어야겠다. 일기 쓰기 지도가 아니라 일기 안 쓰기 지도가 된 이 때까지의 일기 지도 방법을 미련 없이 버리고 생각을 바꾸어 보자.

이 세상 모든 사람들이 한 사람도 빠짐없이 일기를 쓰게 된다면 얼마나 좋을까? 그래서 살맛나는 세상을 열어 갈 수만 있다면…… 기도하는 마음으로 이 책을 세상에 내놓는다. 여기에 실린 일기글은 1996년 대구 금포 초등학교 1학년 2반 아이들의 글이다.

1998년 4월 윤태규.

차례

일러두기

본문에 실려 있는 아이들 글은 본래 맞춤법에 어긋난 것이 아주 많습니다. 이걸 그대로 싣는 뜻도 아주 크지만 읽기가 어려워 사투리와 입말, 그 밖에 꼭 필요한 경우만 빼고 나머지는 바로잡았습니다.

1장 일기 쓰기는 왜 실패하고 있는가

1. 글쓰기나 국어 공부를 시키려고 하기 때문에
2. 특별한 일을 쓰라고 하기 때문에
3. 길게 쓰라고 하기 때문에
4. 잠자기 바로 전에 쓰기 때문에
5. 반성하는 일기를 쓰라고 하기 때문에
6. 사실만 쓰지 말고 생각이나 느낌을 많이 쓰라고 하기 때문에
7. 일기장에 있는 잡다한 틀 때문에
8. 일기 검사 때문에
9. 숙제로 쓰기 때문에
10. 대신 써 주기 때문에
11. 그림 일기로 시작하기 때문에
12. 어른들이 일기 쓰는 모습을 보여 주지 않기 때문에

일기는 자기가 겪은 일을 어떤 틀에도 매이지 않고 자유롭게 쓰는 글이다. 그것도 온갖 상상을 다 동원하여 이리 궁리하고 저리 궁리해서 쓰는 게 아니라 바로 오늘 겪은 일을 사실대로 써 나가는 글이다. 이처럼 쉬운 글도 없다.

그런데 아이 어른 할 것 없이 일기 쓰기를 짐스러워한다. 초등학생은 검사만 없으면 당장 일기장을 내던져 버린다. 중·고등학생은 공부하느라 일기를 뒤로 밀어 버렸다. 대학생은 취업 준비에 바빠서 내던져 버렸고, 아버지는 회사일, 어머니는 집안일이 바빠서 일기장을 밀어 내 버렸다. 죽을 때가 되어서 생각해 보니 일기라곤 초등학교 때 지겹게 쓴 기억뿐이다.

바빠서 뒤로 밀어 놓아야 하는 게 일기라면 그건 이미 일기가 아니다. 실제로 우리에게 본보기가 될 만한 일기를 보자. 결코 한가한 사람들이 쓴 일기가 아니다. 전쟁터에서 써 나간 이순신 장군의 난중 일기, 열하 지방을 여행하면서 그 문물을 우리 나라에 알리겠다는 생각으로 쓴 박지원 선생의 열하 일기, 이오덕 선생의 교육 일기……. 모두 시간이 남아 돌아가는 사람들이 쓴 일기가 아니다. 이런 일기글들이 뒷사람들에게 얼마나 많은 깨우침을 주고 있으며 감동을 주고 있는가? 어떤 뛰어난 문학 작품도 이런 일기글을 뒷자리로 밀어 낼 수가 없다. 어떤 훌륭한 책에도 뒤지지 않는 것이 일기다.

일기는 삶 바로 그것이다. 곁에서 바라보는 삶이 아니라 끊임없이 숨쉬며 살아가는 모습을 조금도 보태지 않고 글자로 옮겨 놓은 것이 일기다. 그래서 일기는 살아 있는 글이다. 살아서 펄펄 숨을 쉬고 있는 글이다. 일기 문학은 가장 감동이 있는 문학이요, 힘이 있는 문학이요, 살아 있는 문학이다.

초등학교에서 겨우 고개를 내밀고 새싹을 틔우는 듯하다가 공부 때문에, 돈벌이 때문에, 시간이 없기 때문에 깡그리 싹도 없이 말라 죽어 버리고 마는 연약한 것이 일기라면 일기 쓰기 교육은 실패다. 완전한 실패다. 처음부터 싹을 잘못 틔웠다. 사정이 이러한데도 우리는 그 문제점에 대해서 조금도 의심해 보지 않고 꽃이 필 것으로 기대하고 있다. 그래서 쓸데없는 힘만 쏟고 있다. 어리석기 그지없는 되풀이를 거듭하고 있다.

무엇이 이렇게 연약한 새싹을 만들었는가, 어떻게 했기에 그처럼 흙에 뿌리를 두지 못하고 말라 죽게 만들었는가를 지금부터 살펴보려고 한다. 왜 일기가 초등학생에서 어른에 이르기까지 애물단지가 되고 말았는지 청진기를 갖다 대고 진단해 보려고 한다.

1. 글쓰기나 국어 공부를 시키려고
하기 때문에

글쓰기나 국어 공부를 위해 일기를 써야 한다는 생각이 그만 일기 쓰기를 애물단지로 여기게 하는 첫 번째 걸림돌이다.

일기를 쓰면 글 쓰는 힘이 생긴다는 말은 맞다. 일기를 쓰다 보면 글자도 익히고 어휘 활용 능력도 늘어나서 국어 공부가 된다. 그렇지만 이것은 일기를 쓰면서 자연스럽게 얻어지는 것이지 여기에 목표를 두어서는 일기 쓰기 자체에 굉장한 방해가 된다.

일기 쓰기를 시작한 지 겨우 일 주일이 된 1학년 아이 일기글 한 편을 읽어 보자.

1996년 7월 9일 화요일. 추웠다.

기분 나쁜 날

김보련

오늘 피아노에 가서 내 책에 낙서해서 그래서 선생님한테 맞지 안고 벌만 섰다. 그래서 나는 기쁘지 안았다. 그래서 친구들과 언니들이 놀렸다. 나는 친구들이 웃으니까 웃지 마라고 말했다. 그래서 나는 계속 참고 있는데 자꾸만 놀렸다. 그래서 난중에 언니들이 와서 웃었다. 그래서 나는 웃지 마래 했다. 그러면 우리 아버지한테 일은 대 했다. 그래서 난중에 내가 울었다. 그래서 선생님이 손 내라 했다. 피아노 선생님이 두 명 있는데 머리 긴 선생님도 있고 머리 잡은 선생님도 있었다. 그래서 머리 잡은 선생님이 오라 했다. 그래서 나는 왔다. 그래서 책에 낙서하지 마라 했다. 그래서 나는 책에 낙서 안 하겠습니다 하고 말했다. 그래서 피아노 치고 머리 긴 선생님이 왜 우노 했다. 그래서 나는 말하지 안고 머리 작은 선생님이 말했다.

'그래서'가 무려 열네 번이나 나온다. 틀린 글자도 많다. '그래서'가 꼭 들어가야 할 곳은 한 군데도 없다. 완전히 군더더기 말이다. 그렇지만 이런 군더더기는 보련이에게 필요한 말이었을 것이다. 생각을 이어지게 하려면 이 말이 필요했을 것이다.

필요 없이 쓴 '그래서'를 보고 이것 큰일났구나, 이어 주는 말을 가르쳐야겠구나 하고 서둘러 친절하게 국어 공부를 시작했다면 그 뒷날부터 당장 '그래서'는 쓰지 않게 바로잡을 수는 있다. 그러나 보련이는 '그래서'를 쓰지 못하면서 글을 쉽게 쓰지 못했을 것이다. 신나게 일기 쓰기를 시작하려는 마음에 찬물을 끼얹어 버렸으니 잔뜩 주눅만 들겠지. 맞춤법 지도도 마찬가지다. 작은 것을 얻으려다 일기 싹을 뿌리째 뽑아 버리고 마는 무서운 일이, 일기를 국어 공부 수단으로 삼는 일이다.

일기를 쓰는 아이들은 글자가 틀리면 어떡하지, 글자가 비뚤면 어쩌나, 띄어쓰기가 틀리면 큰일인데 같은 걱정은 조금도 하지 않고 일기를 써야 한다. 어른들이 일기를 쓰지 않는 것이 어디 글자를 몰라서 안 쓰는가? 문제는 일기 쓰기가 밥 먹고 똥 누는 일처럼 생활이 되도록 하는 일이지, 잘못 쓴 글자나 가르치는 일이 되어서는 안 된다.

무엇이 알맹이인가를 분명하게 알아야 한다. 앞으로 익히게 될 글자 몇 자에 매달리다가 더 큰 것을 잃어버리는 잘못은 하지 말아야 한다. 그런 공부는 다른 자리에서 해야 한다. 꼭 맞춤법 지도를 하고 싶으면 자주 틀리는 글자나 버릇을 적어 두었다가 따로 시간을 내어 지도하면 된다.

글자를 완전하게 깨우쳐야만 비로소 일기를 쓸 수 있는 게 아니라 자기가 알고 있는 글자만 가지고도 얼마든지 쓸 수 있는 게 일기다. 말이 서툰 아기에게 말을 다 배우게 한 뒤에 비로소 말을 하게 하지 않는 것과 같은 이치다.

일기는 국어 공부가 아니다. 이것이 바로 허깨비 일기 쓰기에서 벗어나는 첫째 방법이다.

2. 특별한 일을 쓰라고 하기 때문에

　하루 일 가운데서 특별한 일을 골라서 쓰라고 가르치는 일기 지도가 일기를 애물단지로 만드는 두 번째 걸림돌이다.

　날마다 비슷한 일이 되풀이되는 하루 일에서 특별한 일을 찾아 내기란 쉬운 일이 아니다. 일기장을 펼쳐 놓고 아무리 생각을 해도 밥 먹고 학교 가서 공부하고…… 이런 일들만 떠오른다. 그런데 이런 글을 써서는 선생님이나 부모님에게 야단을 맞는다. 특별한 일을 글감으로 잡아 쓰라니 비슷한 일이 되풀이되는 생활에서 도대체 쓸 거리가 없다. 아이들이 일기 쓰기에 재미를 붙이지 못하고 짐이 되어 버리는 큰 까닭이 여기에 있다.

　특별한 일이라니? 평범한 일이 되풀이되어야지 특별한 일이 자주 일어난다면 일기 쓰기에 앞서 그 집안은 정말이지 큰일이 아닐 수 없다. 어제는 아버지가 교통사고를 당했고, 오늘은 또 동생이 다쳤고, 내일은 회갑 잔치가 있고……. 이래 가지고서야 어찌 그 집이 온전하겠는가? 특별한 일은 날마다 있지도 않고 있어서도 안 된다. 또 있다고 해도 특별한 일을 글감으로 해서는 일기를 잘 쓸 수가 없다.

　아이들은 특별한 일이 일어난 날이면 오히려 일기를 잘 쓰지 못한다. 큼직한 일깃감이 있어서 일기를 잘 쓰겠지 하고 생각한다면 아이들을 너무 모르는 사람이다. 일기를 옳게 지도해 보지 않은 사람이다. 집안에 잔치가 있으면 그 분위기에 들뜨기 때문에 차분하게 앉아서 일기를 쓸 수가 없다. 그럴 마음도 나지 않는 게 당연하다. 식구들과 여행을 해도 마찬가지다.

그러니까 특별한 일이 일어나지 않더라도 차분하게 글감을 골라서 자세히 잘 쓸 수 있다는 것을 알게 해 줘야 한다. 아버지가 다쳐서 응급실에 있는데. 그래서 어머니는 울고 있고 식구들 모두 안절부절못하고 있는데 차분하게 앉아서 어떻게 일기를 쓴다는 말인가. 그래서는 안 된다. 일기가 뭐 죽고 못 사는 일이라고 그래야만 하겠는가. 잔치가 있는 날도 마찬가지다. 식구들과 친척들이 어울려 잔치판을 벌이고 있는데 거기에 끼지 않고 일기를 쓸 수는 없는 노릇이다. 진정으로 아이들을 생각한다면 그럴 때는 오히려 일기를 쓰지 말고 즐거운 분위기에 함께 젖어 신나는 시간을 많이 갖도록 하는 게 옳은 일이다.

1996년 8월 8일 목요일. 더웠다.
외할머니

김민정

버스를 타고 외할머니 집에 갔다. 외할머니께서 기분이 좋아하셨다. 그런데 우리 할머니 생각이 났다. 그래서 외할머니 집에서 우리 할머니에게 전화를 했다.

1996년 10월 19일 토요일.
약 만들기

김민정

학교를 마치고 나도 모르는 산에 갔다. 어딘지 모르는 산에 갔다. 어딘지 모른다. 왜냐면 지선이가 가자고 했으니까. 지선이와 나랑 최성욱이와 성욱이 동생이랑 산에 갔다.
"니 이 산길 아나?"
"으 알아. 진짜 안다니까. 심심할 때 오는 산인데 정말로 그렇다니까."

지선이와 나하고 말했다. 산에 올라왔다. 그런데 그 산은 좀 이상
하였다. 왜냐면 조금만 올라가면 꼭대기니까. 최성욱이 동생이 잘
못 올라와서 내가 잡아 주었다. 동생이 남자다. 거기서 놀다가 성욱
이가 다쳤다 했다.

"아 이렇게 하면 다 나서질 거야. 어떻게. 아무 나뭇잎으로 돌멩
이로 찍어서 다른 나뭇잎으로는 밴드처럼 감싸면 되겠다. 맞
아. 근데 물이 필요하잖아. 맞아. 내가 가서 물을 가즈고 올게. 지
선아 조심해 알았지. 으. 알았어. 그럼 빨리 갔다 와."

나와 지선이가 한 말이다.

"지선아. 물 가져왔니? 으. 가져왔어. 약을 만들자 준비물 끝이
니까."

지선이는 약을 만들고 나는 환자 최성욱이를 돌봐 줬다.

성욱이 동생도 나처럼 똑같다.

"성욱아 개안나? 어 개안타."

우리는 최성욱이를 돌보느라 놀 시간이 없었다. 놀 시간이 없어도
좋다. 왜냐면 진짜 간호사 같았다.

성욱이가 어딜 다쳤냐면 다리에 피도 나고 했다.

"성욱이는 아프겠다."

내가 말했다. 성욱이는 안 아프다고 했고 또 상처도 다 나아서 간
다고 말했다.

"야 성공이다. 성공이다."

무얼 성공했냐면 잎으로 약을 만드는 것을 성공했다는 것이다. 성
욱이는 좀 안 아프겠지.

우리가 성욱이한테 조금 떨어져 있는 곳에서 막대기를 주웠는데

"야들아. 왜. 사슴 봤나? 뿔이 있드나? 아니 노루같이 생겼드라.
그면 노루다. 아니 진짜가? 그래."
"인제 집에 가야 한다. 나도. 나도. 그러면 집으로 가자. 그래."
잠시 후 집으로 뛰어서 갔다. 왜냐면 너무 늦게 가기 때문이다.
(5시→7시 20분)

같은 아이가 쓴 일기다. 첫 번째 쓴 일기는 외가에 간 이야기니까
흔히 겪는 일은 아니고 특별한 일을 쓴 것이다. 두 번째 일기는 동무
들과 놀았던 이야기다. 뭐 그리 특별한 일이 아니다. 그런데 두 일기
를 견주어 보자. 첫 번째 일기에서 들뜬 마음이 나타나 있지는 않지만
차분하게 앉아서 일기 쓸 심정은 아니었을 것이 틀림없다. 이 정도라
도 쓸 수 있었던 것은 차분하고 빈틈없는 민정이 성격 덕분이다.

'약 만들기'는 민정이가 무려 2시간 20분 동안이나 앉아서 썼다. 1
학년이 그렇게 오래 앉아서 일기를 쓸 수 있을까? 얼마든지 그럴 수
있다. 민정이는 이 긴 시간 동안 일기를 쓰면서 낮에 놀았던 재미를
다시 한 번 즐겼다. 마음이 들떠 있을 때는 도저히 할 수 없는 일이다.

특별한 일을 글감으로 잡아 써야 한다는 말을 하지 말자. 그래서 억
지로 특별한 일을 만들게 하는 한심한 일기 지도에서 한시바삐 벗어나
자. '특별한 일을 일깃감으로 골라야만 한다.' '흔히 겪는 일은 일깃
감이 될 수 없다.'는 이 잘못된 믿음에서 훌쩍 벗어나야만 한다. 이것
이 일기를 애물단지로 여기지 않게 하는 두 번째 길이다.

3. 길게 쓰라고 하기 때문에

길게 써라. 아무리 짧아도 한 쪽은 넘도록 써야 한다. 이게 또 일기를 못 쓰게 하고 일기를 애물단지로 여기게 하는 세 번째 걸림돌이다.

길게 써야만 잘 쓴 일기라고 할 수는 없다. 한두 줄을 써도 하고 싶은 말을 다 썼으면 된다. 길게 쓰라는 이 말이 어마어마한 짐이 되어 어깨를 짓누른다. 도대체 쓸 이야기가 없는데 무얼 어떻게 길게 쓰라는 말인가? 세상에 이렇게 난감한 일도 없다. 그렇다면 어떻게 해야 하는가? '길게 쓰자.'가 아니고 '자세히 쓰자.'고 해야 한다.

오늘 누나하고 싸워서 어머니한테 맞았다.

나는 오늘 병원에 가서 마구 설쳤습니다. 그래서 간호사 누나에게 야단을 맞았습니다.

나는 오늘 운동장에서 친구들과 놀았습니다. 참 재미있었습니다.

오늘 어머니가 굉장히 웃겼습니다. 나는 너무 우스워서 눈물이 나올라 그랬습니다.

자기가 하고 싶은 말은 다 썼다. 그래서 이 아이들은 일기를 다 쓴 것이다. 이 일기를 쓰면서 누나와 싸운 일을 생각했을 테고 어머니한테 맞은 일도 떠올렸을 것이다. 병원에서 마구 설쳤던 일도, 어머니가 웃겼던 일도 모두 떠올리며 일기를 썼겠지. 너무나 우스워서 일기를 쓰면서 혼자 웃었을지도 모른다.

그런데 도무지 그 아이들이 어떤 일을 겪었는지 알 수가 없다. 재미가 있었다고 썼는데 읽는 사람은 하나도 재미가 없다. 우습지도 않다. 왜 이렇게 쓸까? 자기는 직접 겪은 일이기 때문에 일기에 이렇게 간단하게 써도 한 일을 훤히 알고 있다. 나중에 읽으면 모르겠지만 지금 당장은 겪은 일이 머릿속에 그대로 남아 있다. 그렇기 때문에 다 쓴 것이다. 머릿속에 남아 있는 이야기와 글로 나타낸 이야기가 뒤섞여 아주 재미있고 우스운 이야기가 되었다. 우스운 이야기를 시작하면서 아주 우스운 장면은 미처 이야기하지도 못하고 비식비식 웃어서 상대방을 재미없게 만드는 것과 같은 이치다. 이럴 때는 마음 속에 있는 것을 글로 다 써야 한다는 것을 알게 해야 한다. 남이 읽어서 궁금한 게 없도록 쓰는 공부가 필요하다.

'재미있었다.'가 아니라 재미있었던 이야기를 쓰도록 해야 한다. '우스웠다.'가 아니라 우스웠던 이야기를 그대로 자세히 쓰도록 해야 한다. '설쳤다.'가 아니라 설치는 모습이 눈에 보이듯이 써야 한다.

일기를 못 쓰게 만드는 걸림돌을 또 하나 찾아 내어 치웠다.

4. 잠자기 바로 전에 쓰기 때문에

일기는 하루 일을 반성하는 글이기 때문에 하루 일을 마감하는 밤에 써야 한다는 생각이 또 일기를 못 쓰게 하는 네 번째 걸림돌이다.

밤늦게 쓰는 일기가 왜 일기를 애물단지로 만드는 일인가 한번 생각해 보자. 저녁밥도 먹고, 숙제도 다 하고, 텔레비전도 실컷 보고 이젠 하루 일을 다 마쳤다. 이제 일기 쓰고 잠만 자면 그야말로 오늘은 끝이다. 제 방에 들어가서 일기장을 펼쳤다. 그런데 잠이 달콤하게 유혹을 한다. 이불 밑에 들어가고 싶을까, 일기를 쓰고 싶을까? 물어 보지 않아도 뻔한 일이다.

설령 졸음을 참고 일기장을 펼친 장한 아이가 있다고 치자. 느긋하게 앉아서 일기를 쓰지 못한다. 일깃감을 고르는 잣대어 대 보고 조용히 쓸 거리를 고르기는커녕 아무것이라도 골라서 몇 자 끼적거리다가 일기장을 덮고 이불 밑으로 들어가고 만다. 잠에는 장사가 없다고 했다. 자세히 쓰기고 재미있게 쓰기고 모두 잠 앞에서는 그야말로 공염불이 되고 만다.

이런 일이 날마다 이어진다고 생각해 보자. 일기가 어찌 재미있겠는가? 이래서는 결코 일기 쓰기가 잘 될 수 없다.

1996년 9월 3일 화요일. 맑고 더웠다.
잠

성진아

일기를 빨리 쓰고 잠을 잘라고 했다. 그런데 오늘따라 일기를 쓰기가 싫었다. 너무 잠이 왔다.

진아는 일기를 자세히 잘 쓰는 아이다. 그런데 오늘따라 일기 쓰기가 싫다고 했다. 잠이 와서 그렇다. 마지막에 일기 쓴 시간도 적지 않았다. 적을 수가 없겠지. 진아는 일기를 다 쓴 것이 아니라 쓰다가 만 것이다.

1996년 10월 24일 목요일. 아주 시원하다.
왕거미

김보련

나는 집에 가다가 다리 밑까지 왔다. 나는 다리로 쭉 갔다. 거기에는 왕거미 줄이 있었다. 왕거미가 지은 집은 튼튼해서 잘 보였다. 바람이 불어 튼튼한 거미줄이 떨어질 것 같다. 자동차가 달리니 거미줄이 헌덜헌덜해서 떨어질 것 같고 자동차가 시톱을 하면 거미줄은 멈춘다. 바람이 조금 시원하면 거미줄은 편해질 것 같다. 약간 헌덜헌덜하기 때문이다. 왕거미는 한 마리만 있다. 식구들은 다 어디 가고 혼자서 집을 보고 있다. 왕거미가 거미줄이 붙어서 헌덜헌덜하니 꼭 널찌는 줄 알았다. 그런데 안 널찌고 발만 요리조리 가만히 서서 꼼짝한다. 왕거미를 한 번 더 보고 갈려고 봤는데 왕거미가 없어져서 나는 깜짝 놀라가 집으로 와서 일기를 썼다.

(3시 30→4시 5분)

보련이가 일기를 쓰기 시작한 3시 30분은 학원에서 막 돌아온 시간이다. 거미줄을 보고 집에 오자마자 곧 일기를 썼다. 만약 막 바로 쓰지 않고 아이들과 신나게 뛰어논 뒤에 일기장을 펼쳤다면 집에 오는 길에 거미를 본 이야기는 까마득히 잊어 버려 되살려 내지 못했으리라. 그래서 이렇게 좋은 일깃감을 두고도 쓸 거리가 없다고 쩔쩔맸을지도 모를 일이다. 보련이가 이렇게 좋은 일기를 쓸 수 있었던 까닭은 일기 쓰는 시간이 알맞았기 때문이다.

잠잘 시간에 일기를 쓰게 하지 말자. 될 수 있으면 겪은 즉시 일기를 쓰도록 하되 일기 쓸 시간을 충분히 갖고 쓰도록 하자. 이것이 일기를 못 쓰게 하는 네 번째 걸림돌을 치우는 길이다.

5. 반성하는 일기를 쓰라고 하기 때문에

하루 일을 되돌아보고 반성하거나 새롭게 깨달았다는 말을 반드시 일기에 써야 한다고 가르치는 사람이 많다. 이 또한 일기를 보기 싫은 애물단지로 만드는 걸림돌이다.

그냥 겪은 일만 써서는 아무런 가치가 없고 또 삶이 가꾸어지지 않으니 착한 사람이 되겠다는 말을 꼭 쓰라고 한다. 그래서 생겨난 것이 선행 일기고 효행 일기다.

일기가 하루 일을 되돌아보는 데 아주 적절한 노릇을 한다는 말은 맞다. 그렇지만 방법이 틀렸다. 아이들이 일기 마지막에 '앞으로는 안 그러겠다.' '앞으로는 말을 잘 듣겠다.' '지금부터는 착한 사람이 되겠다.' 따위를 버릇처럼 쓰면 착한 사람이 되는가? 그건 아니다. 이는 마치 아이가 책상 앞에 앉아 있거나 학원에만 가면 공부 잘하고 있는 걸로 착각하는 것과 다를 바가 없다. 어떤 책이든 간에 책을 많이 읽기만 하면 마음의 양식이 된다는 잘못된 믿음과 조금도 다르지 않다.

일기 끝에 반드시 다짐이나 반성을 쓰도록 한다면 그것이 또 하나의 틀이 되어 자유롭게 일깃감을 고르지 못하게 한다. 뿐만 아니라 마음에도 없는 거짓글을 쓰게 만든다. 백 번 천 번 착한 사람이 되겠다고 다짐하는 글을 쓴들 그것이 속마음과 다른 거짓이라면 아무런 소용이 없다.

일기의 생명은 뭐니뭐니해도 정직이다. 선생님에게 억울하게 꾸중을 들었다면 선생님이 미워야지 왜 '우리를 위해 애쓰시는 선생님 말씀을 더욱 잘 듣겠다.' 가 되어야 하는가? 그렇게 쓰는 아이는 그 일기를 씀으로 해서 억울한 마음이 어느 정도 가라앉기는커녕 도리어 선생님이 싫어질 수밖에 없다. 억울하면 억울하다, 미우면 밉다, 이해할 수 없다면 이해할 수 없다고 솔직하게 쓸 때 비로소 쌓이거나 억눌린 마음이 풀린다.

1996년 11월 16일 토요일. 춥다.
눈높이

진제완

내가 눈높이를 안 해서 저녁에 아버지께서 째서 쓰레기통에 넣었다. 왜 쨌냐면 내가 눈높이를 한 번도 스스로 안 해서 전에도 어머니께서 째 내버렸다.

그리고 어머니께서 나는 눈높이를 끊는다고 했다. 그리고 아버지께서 학원도 가지 말라고 하셨다. 그래서 오늘은 기분이 좋지 않았다. 그리고 나는 눈높이 국어를 하기 싫다. 그런데 왜 자꾸 해야 한다고 그럴까?

그리고 책을 째는 것은 나쁘다. 돈을 주고 샀는데 돈만 없앴다. 그리고 돈 주고 또 사는데 왜 째는지 공부하라고 쨌다. 그래도 책을 째면 안 된다고 생각한다. (5시 55분→6시 49분)

1996년 10월 8일 화. 아침에는 추웠으나 맑았다.
벌

손희영

오늘 학교에서 몇째 시간인지 모르는데 반장 어머니께서 오셨다. 그런데 우리들이 떠들어서 벌을 받게 되었다.

그런데 나는 아이들에게 조용하라고 말렸는데 조용하지 않은 아이 때문에 우리 반 모두 앞으로 나란히를 하였다.

우리 반 중에서도 떠들지 않은 아이도 있었지만 나도 떠들지 않았다. 선생님은 우리 마음도 모르는 것 같다. 5분이 지났는데 나는 35분이 지나갔는지 알았는데 선생님께서는 이제 겨우 5분이 지나갔다고 하였다.

그 소리를 들으니 너무 속상하였다.

선생님은 우리를 가르쳐 주며 모든 힘을 바쳐서 공부를 시키지만 선생님은 우리 마음을 모른다. 선생님이 우리 마음을 모르니 기분이 속상한 데다가 선생님이 우리 마음을 모르니 너무 속상하고 미웠다. (11시 50분→12시 20분)

제완이는 아버지가 밉다고 쓰고, 희영이는 선생님이 우리 마음을 몰라 줘서 야속하다고 했지만, 그 아이들은 이런 글을 쓰면서 미운 마음을 가슴에 묻어 두지 않고 풀었다. 풀어 버렸다면 이미 용서를 해 준 것이나 다름없다.

다시 말하지만 일기의 생명은 정직이다. 마음에도 없는 글을 쓰게 해서는 결코 바른 삶을 가꾸어 나갈 수가 없다. 정직한 글은 마음을 병들게 하는 찌꺼기들을 풀어 낸다. 이것이 참 삶을 가꾸는 일이다. 이런 아이들에게 버릇없다고 마음에도 없는 글을 쓰라고 한다면 일기를 못 쓰게 하는 일이요, 아이들을 병들게 하는 일이다. 이제 다섯 번째 걸림돌을 찾아 냈다.

6. 사실만 쓰지 말고 생각이나 느낌을 많이 쓰라고 하기 때문에

있었던 이야기만 쓰지 말고 생각이나 느낌을 꼭 써라. 그래야만 생각이 넓어지고 마음이 쑥쑥 자란다. 자기 생각을 쓰지 않은 일기는 좋은 일기가 못 된다. 이러한 엄포가 일기를 애물단지로 만드는 여섯 번째 걸림돌이다.

사실을 있는 그대로 쓰는 일기가 왜 가치가 없다는 말인가? 사실을 사실로 써야지 생각으로 일기를 쓴다면 사실을 제대로 쓰지 못하게 된다. 어디까지나 일기는 겪은 일을 중심으로 쓰는 사실 기록이다. 아이들 일기를 보면 어떤 날은 있었던 사실을 죽 늘어놓다가도 또 어떤 날은 생각을 많이 쓰기도 한다. 억지로 강요하지 않더라도 생각이나 느낌을 꼭 써야 할 때는 쓴다.

중요한 것은 사실 기록 안에 들어 있는 아이들 생각을 읽는 것이다.

1996년 9월 6일 금요일. 비.
반장, 부반장 뽑기

이지선

오늘 반장과 부반장 뽑기를 했다. 나도 나갔다.
"복도에서 뛰지 않고 공부도 잘하겠습니다."
나는 이렇게 말했다.
나와 전유리나와 진호 다른 사람도 다 안 됐다. 으리는 다시 선거를 했다. 이번에는 진호와 유리나와 내가 나갔다. 진호는 15점이고 유리나는 11점이고 나는 5점이었다. 이제 진호가 반장이다. 나는 내가 뽑히지 않았는데 진호가 반장이다. 여자 부반장에 나도 나왔다. 나는 말을 했다. 공부도 잘하고 선생님 말씀 잘 듣겠다고 했다. 또 나는 안 뽑혔다. 여자 부반장은 또 현아다.

글 어디에도 반장과 부반장이 못 돼서 섭섭했다는 말은 없지만 꽝장히 섭섭했던 마음이 가득한 글이다. 이렇듯 생각을 드러내지 않고 있었던 일만 써도 글 속에 글쓴이 마음이나 생각이 아주 잘 숨어 있음을 알 수 있다. 그렇다고 일기는 사실을 적는 글이니까 생각이나 느낌을 쓰지 마라고 해서도 안 된다. 또 지선이 일기처럼 생각을 겉으로 드러내지 않고, 있었던 일만으로 자기 생각을 담아 내는 일기를 쓰라고 해서도 안 된다. 이래라 저래라 간섭을 하지 않는 게 가장 좋은 지도다. 그렇다고 일기를 살펴본 뒤에 교사나 학부모가 써 주는 글에 '아주 좋은 생각입니다.' '숙제에 대해서 여러 가지 생각을 해 보았군요.' 같은 글조차 써 주지 말자는 말은 아니다.

96년 12월 23일 월요일. 아침에는 추웠으나 낮에는 조금 더웠다.
선생님 보고 싶은 것과 내 버릇

이현아

눈높이를 꺼내자마자 선생님 생각이 나고 점점 보고 싶어졌다. 그런데 저번 주 방학을 안 했을 때 선생님보고 안 보고 싶다고 말했는 거는 거짓말이었는가 보다.
나의 버릇은 정말 많다. 밥을 잘 안 먹는 버릇, 거짓말하는 버릇, 군것질하는 버릇, 얼마나 많은지 모른다. 선생님이 이런 버릇 보고 내한테 야단을 치실까? 아니면 이런 버릇 보고 잘 고쳐 보라고 말씀을 하실까? 버릇 고치기는 방학 숙제인데 나는 밥을 잘 안 먹는 버룻을 고친다고 했다.

    나는 선생님이 보고 싶다고 누구한테도 안 말했다. 그건 부끄러워서 그런다. 이거도 또 버릇이다. 선생님은 방학 동안에 무엇을 하고 계실까? 나는 이렇게 생각을 하였다. 나는 선생님 집에 매주 한 번씩이라도 가 보고 싶다. 선생님이 지금도 자꾸 보고 싶어진다.

    (4시 5분→4시 55분)

    눈높이를 꺼냈다는 이야기말고는 끝까지 생각을 쓴 글이다. 눈높이란 책을 꺼내다가 선생님 생각이 난 모양이다. 그래서 끝까지 선생님을 생각하면서 글을 쓴다. 선생님이 보고 싶고 생각이 나는데 그렇게 써 놓고 나니 방학하는 날에 선생님이 안 보고 싶다고 한 말이 거짓이라는 생각이 들었다. 거짓말이라는 생각을 하니 또 거짓말하는 버릇이 생각났고 버릇을 생각하니 버릇 고치기 방학 숙제가 꼬리를 물고 이어진 것이다. 생각에 생각이 꼬리를 물었다. 어느 한 곳도 억지스럽지 않고 자연스럽게 이어진다. 생각이나 느낌을 써야지 하고 썼다면 이렇게 물 흐르듯이 쓰지 못했을 것이다.

    겪은 사실을 쓰든지, 생각이나 느낌만 쓰든지, 겪은 사실과 생각을 섞어 쓰든지 어느 한 쪽으로 몰고 가지 않아야 한다. 이제 걸림돌 여섯 개를 찾아 냈다.

7. 일기장에 있는 잡다한 틀 때문에

일기를 어떤 공책에 쓰게 하든, 그것이 일기 쓰기와 무슨 관계가 있겠는가 하고 생각할는지 모르겠다. 그런데 그렇지 않다. 틀을 만들어 놓은 일기장은 아이들 생각을 틀 속에 가두어 버리고 만다. 일기장 여기저기 있는 잡다한 틀이 일기를 못 쓰게 하는 일곱 번째 걸림돌이다.

가게에서 파는 '일기장'을 살펴보면 아주 괴상하고 복잡한 틀을 만들어 놓았다. 그 틀이 문제다. 아래위로 복잡하게 만들어 놓은 틀이 거의 반 쪽을 차지하고 있다. 날씨도 그림에 동그라미를 하도록 해 놓았는데 '해, 갬, 구름, 비, 눈' 이렇게 다섯 가지로 못을 박아 두었다. 이래 가지고는 변화무쌍한 날씨를 제대로 나타낼 수 없다. 규칙에 맞는 생활을 이끈다고 만들어 놓은 '일어난 시각과 잠잘 시각', 착한 어린이로 이끌겠다고 마련한 '오늘의 착한 일, 오늘의 반성', 계획 있는 생활을 하라고 만들어 놓은 '내일의 할 일' 같은 칸들이 아이들을 질리게 하고 있다.

아이를 기계로 만들려고 하지 않는다면 전부 필요 없는 것들이다. 아이들이 어찌 기계처럼 일어난 시간과 잠자는 시간을 날마다 새기면서 살아간다는 말인가? 아이들은 시간에 맞추어 기계처럼 살지 않는다. 그렇게 가르칠 필요가 전혀 없다. '오늘의 착한 일, 오늘의 반성, 내일의 할 일'은 문제가 더 크다. 마음을 다잡아 일기를 쓰고 난 뒤 또 반성을 하고 착한 일 한 것을 쓰라는 말인가.

이런 것도 모자라서 한 술 더 떠서 더 괴상한 일기장을 만들어 내기도 한다. '오늘의 탐구' '오늘의 효행' '오늘의 노래' '오늘의 봉

9 30 화

± 6 3 ⇕ 9 00

〈어머니의 심부름〉

저녁을 먹고 어머니를 도와 신발 정리도 하고
까스 렌지의 불도 껐다 어머니께서 너무 좋아
하셨다. 다음부터도 어머니를 기쁘게 해드려
야겠다. 어머니께서 칭찬을 하시니 나도 기분
이 좋았다고 모와 엄마나 홀라후프를 했
다. 살이 빠졌으면 좋겠다.

〈지혜의 일기 끝〉

칭찬 있음 했구나

눈높이, 아름아리, 숙제   어머니를 도와
                                        드렸는 것

고로에게 짜증을 부림 걸레 물통챙기기
다

사'……. 끝도 없이 이어지는 이런 틀들이 아이들을 자꾸만 일기에서 멀어지게 하고 있다. 효행 칸, 봉사 칸, 착한 어린이 칸에 억지로 몇 자 적는 것으로 어떤 가치들이 길러져 간다면 정말이지 교육이 얼마나 편하고 쉽겠는가?

만들어 놓은 이런 칸들을 무시하면 될 것이 아닌가 하고 쉽게 생각 해서는 안 된다. 틀을 만들어 놓으면 거기에 자꾸만 끌려가게 되어 있 다. 또 만들어 놓은 틀을 안 쓰고 넘어가면 무언가 마음이 찝찔하게 된다.

이런 일기장이 안고 있는 문제는 또 있다. 할 이야기를 반 쪽으로도 다 쓸 수 있는 날이 있겠지만, 어떤 날은 몇 장을 넘겨 가며 써야 할 이야기가 있을 텐데 이걸 자유롭게 쓰지 못 하게 막는다. 일기 길이가 날마다 정해져 버린다.

틀이 있는 일기장을 내버리고 보통 공책에 쓰게 하자. 이것이 일기 쓰기 걸림돌을 치우는 또 하나의 길이다.

8. 일기 검사 때문에

일기는 누구에게도 보여 주지 않는 게 맞다. 아이들 일기라고 해서 선생님이나 학부모가 봐도 괜찮다는 법은 없다. 누군가 본다는 생각을 떨치지 못하고 쓰는 일기는 아무래도 정직하게 쓰기 어려울 것이다. 오죽하면 아이들이 진짜 일기장과 검사 맡는 일기장을 따로 두고 쓰겠는가. 이 문제를 그냥 두고 일기 잘 쓰기를 바랄 수는 없다. 반드시 해결해야 할 여덟 번째 걸림돌이다.

그런데 아이들 일기를 보지 않을 수는 없다. 저학년은 더욱 그렇다. 일기를 봐야만 지도할 속도, 지도할 정도, 지도할 방법 따위가 나오게 된다. 또한 저학년 아이들은 일기를 왜 쓰는지 확실하게 알고 쓰는 게 아니기 때문에, 일기를 보면서 일기 쓰고 싶은 마음을 북돋아 줄 필요가 있다. 많은 아이들을 데리고 학급을 꾸려 나가는 교사 처지에서는 아이들이 어떤 생각을 하고 있는가, 아이들에게 어떤 일이 일어나고 있는가, 무슨 걱정들을 하고 있는가 따위를 알 필요가 있다.

아이들 일기를 담임이나 부모가 읽을 때는 이렇게 두 가지 생각이 부딪친다. 이 문제를 어떻게 할 것인가. 일기를 보긴 보되 안 보는 효과가 있어야 한다. 무슨 말인고 하면 교사나 학부모가 날마다 일기를 살펴보더라도 거리낌없이 일기를 쓸 수 있도록 해야 한다는 말이다. 여기에는 교사와 아이들 사이에 차돌 같은 단단한 믿음이 있어야 한다. 이런 믿음은 하루 이틀에 쌓이지 않지만 그렇다고 오랜 시간이 걸리는 일도 아니다. 일기 내용을 두고 이러쿵저러쿵하지 않겠다고 말로 할 것이 아니라 실제로 그렇게 하면 아이들은 금방 믿음을 갖는다.

그런데 아무리 차돌 같은 믿음이 있다 해도 비밀이 있을 수 있다. 초등학교 1학년이 무슨 그런 비밀이 있겠냐고 할지 모르지만 천만의 말씀이다. 어른들 눈에는 아무것도 아닌 일이 아이들에게는 대단한 비밀이 되기도 한다.

초등학생들은 어지간해서는 잘못한 일이나 야단 맞은 일은 일기로 쓰지 않는다. 일기를 보는 사람이 너무 많기 때문이다. 선생님도 선생님이지만 이런 일을 알면 절대 용서하지 않는 부모님이 날마다 일기를 보고 있기 때문이다. 야단을 치지 않고 훈계를 하려고 들어도 마찬가지다. 그러니 이런 일기를 쓸 리가 없다. 아무리 나쁜 일을 해도 안 쓰면 그만이니까. 긁어 부스럼을 만들 필요가 뭐 있겠는가. 그러니 무슨 이야기라도 마음놓고 쓸 수 있는 장치가 있어야 한다. 그 장치에 대해서는 3장 '비밀 일기'에서 자세히 다루겠다.

아이들이 무슨 이야기라도 거리낌없이 쓰게 해야 할 교사나 부모가 오히려 걸림돌이 되어서야 되겠는가. 일기를 지도해야 할 사람이 어쩔 수 없이 일기를 읽더라도 안 읽는 효과를 내자. 그래서 일기를 남이 본다는 두려움에서 벗어날 수 있도록 하자. 이것이 일기 쓰기를 방해하는 여덟 번째 걸림돌을 치우는 길이다.

9. 숙제로 쓰기 때문에

아무리 재미있는 숙제라도 숙제라고 하면 먼저 지겹다는 생각부터 든다. 또 숙제라고 하면 꼭 해야 한다는 부담을 갖는다. 스스로 정한 숙제라도 이런 부담에서 아주 벗어날 수는 없다. 더욱이 일기를 숙제로 낸다면 더 말할 나위가 없다. 숙제로 쓰는 일기. 이것 또한 일기를 즐겁게 쓰지 못하게 하는 걸림돌이다. 아홉 번째 훼방군이다.

일기는 숙제가 될 수 없다. 숙제로 쓰는 일기는 스스로 쓰려는 생각보다는 마지못해 쓴다는 생각을 갖게 한다. 마지못해 숙제로 쓰는 일기는 숙제를 내주는 사람이 없고 검사를 하지 않으면 안 쓰게 된다. 그렇다고 쓰든지 말든지 마음대로 하라고 해서는 물론 안 된다. 그렇게 해서는 일기 쓰기에 재미를 붙게 할 수가 없다. 일기에 재미를 붙게 하려면 일기 쓰기가 날마다 밥 먹고 똥 누는 일처럼 자연스러워야 하는데 그게 쉽지 않다. 숙제가 아니라 아이들이 스스로 끌려서 할 수 있는 다른 좋은 방법을 찾아야 한다.

숙제로 쓰는 일기는 보통 때보다 방학 때가 문제다. 방학 숙제로 일기 쓰기가 떡 하니 자리를 잡으면 안 된다. 모두 경험해 봤겠지만 이보다 더 지독한 숙제가 없다.

일기는 그냥 밥 먹는 일과 같다는 이야기를 자주 혀 주자. 그리고 숙제로 내지 않더라도 일기를 자꾸 지겹게 여기게 하는 걸림돌이 무엇인지 다시 한 번 살펴볼 일이다. 그리고 빨리 치워 줄 일이다.

10. 대신 써 주기 때문에

1학년 일기 쓰기 지도에서 아주 큰 걸림돌은 부모님이 대신 일기를 써 주는 일이다. 대신 써 주는 방법은 여러 가지다. 부모님이 입으로 불러 주면 아이가 받아 쓰는 경우도 있고, 다른 종이에 써 준 일기를 보고 베껴 쓰게 하기도 하고, 검사하는 단계에서 부모님이 지우고 다시 쓰게 하기도 한다. 처음부터 끝까지 어른이 대신 써 주기도 하고 한 대목만 써 주는 경우도 있다. 드문 일이지만 아이가 불러 주고 어른이 글자만 대신 쓰는 경우도 있다. 이 모두가 일기를 못 쓰게 하고 애물단지로 만들어 버리는 일이다.

많은 부모들이 아이가 어떻게 커 나가는지를 느긋하게 바라보지 못하고 성급하게 끼여든다. 뻥튀기를 해서라도 자기 아이가 다른 아이보다 더 빨리 크기를 바란다. 한두 달 안에 일기 쓰기 도사를 만들어 놓고자 한다. 그게 일기 쓰기를 망치는 일인데도 말이다.

교육은 성급하게 하는 게 아니다. 싹도 틔우지 않고, 잎이나 줄기가 자라지도 않았는데 꽃을 피우고 열매를 맺는 식물을 보았는가? 김매고 거름 주고 하는 농사일은 제철에 맞는 알찬 열매를 맺게 하려는 일이지, 열매를 빨리 보려고 하는 것은 결코 아니다. 슬기로운 농사꾼은 늦자라서 노리댕댕한 곡식일수록 거름을 조금씩 준다. 결코 이웃집 곡식처럼 자라게 하기 위해 한꺼번에 거름을 많이 주는 어리석은 짓은 하지 않는다.

아이들에게 물어 보지 않아도, 아이들이 말을 하지 않아도 어른이 대신 써 주거나 일기 쓰는 데 깊숙이 끼여든 일기는 대번에 알 수 있다. 아무리 아이에 맞게 써 주려고 해도 글은 속일 수 없다. 글은 말이다. 말을 대신 해 줄 수 있다고 생각하는가. 어른들이 끼여들고 간섭한 일기는 우선 재미가 없다.

도대체 어른들이 왜 아이들 하는 일에 그토록 끼여들려고 할까. 급해서 그렇다. 진득하게 지켜 볼 여유가 없어서 그렇다. 글자를 틀리게 쓰고 앞뒤 말이 도무지 맞지 않는 것을 참지 못해서 그렇다. 일기가 곧 국어 공부라는 생각을 하기 때문이다. 일기 쓰기가 어디 성급하게 몇 가지 기술을 가르친다고 되는 일인가.

일기는 자기가 겪은 일을 쓰는 글이다. 같은 일을 겪더라도 그 일을 바라보는 생각은 열이면 열, 백이면 백 다 다르다. 일기를 대신 써 줄 수 없는 가장 큰 까닭이 여기에 있다.

1학년 일기 쓰기 지도에서 부모님들이 관심은 가지되 깊이 끼여들거나 대신 써 주지만 않아도 일기 쓰기 지도는 반은 성공했다고 할 수 있다. 아이 혼자 힘으로 쓰도록 지켜 보자. 어떠한 경우라도, 아무리 답답하더라도 일기를 대신 써 주는 어리석은 짓은 하지 말자.

11. 그림 일기로 시작하기 때문에

일기 지도는 그림 일기부터 시작하는 것이 상식으로 되어 있다. 일기 쓰기 교육이 시작된 이래 손톱만큼의 의심도 없이 줄기차게 이어져 온 원칙이다. 이렇게 그림 일기부터 시작하는 데는 여러 가지 까닭이 있을 것이다. 글로만 쓰는 일기는 글자를 익혀야 되지만, 그림은 그렇지 않다는 것이 1학년들에게 그림 일기를 쓰게 하는 가장 큰 까닭이다. 그리고 아이들은 그림 그리기를 좋아한다는 것도 그 까닭 가운데 하나일 것이다.

1학년에게 그림 일기를 지도하는 까닭이 이렇듯 분명한데도 막상 아이들에게 그림 일기를 시켜 보면 생각과 다르다는 것을 알 것이다. 왜 그럴까? 여기에는 잘못된 생각이 끼여 있어서 그렇다. 글자를 완전히 익혀야만 그림이 아닌 글로 일기를 쓸 수 있다고 믿는 생각이 그것이다. 그 생각은 그만 일기를 국어 공부가 되게 하는 바탕을 만들고 말았다. 그래서 맞춤법, 띄어쓰기, 사투리로 나타낸 표현, 문장 부호, 표준말 쓰기와 같은 갖가지 잣대를 들이대는 잘못을 낳게 되었다.

아기가 맘마, 찌찌, 까까, 응아…… 이렇게 아주 서툰 말부터 부지런히 하면서 말을 배우는 것은 인정하면서 왜 일기는 1학년이 알고 있는 글자만으로도 쓸 수 있다는 생각은 못 할까. 입학한 지 대여섯 달만 지나면 글로 일기를 다 쓸 수 있다. 물론 받침이 있다든지 자주 쓰지 않는 글자는 잘 쓰지 못한다. 그러나 이런 것은 일기 쓰기에 전혀 장애가 되지 않는다. 앞에서도 밝혔지만 맞춤법에 맞게 정확하게 쓰지 않아도, 자기가 알고 있는 글자만으로도 일기를 충분히 쓸 수 있다.

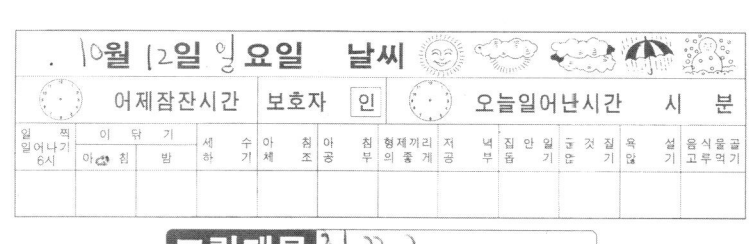

.	０월	2일 일요일 날씨					

어제잠잔시간	보호자	인	오늘일어난시간	시	분

일찍 일어나기 6시	이 닦기		세 하	수 체	아 조	침 공	아 부	침	형제끼리 의좋게	저 녁 공	녁 부	집안일 돕기	둔것 않	집 기	욕 않	설 기	음식을골 고루먹기
	아침	밤															

그림제목 집에서

나	는		집	에	서		놀	고		있	어
놀이		친	구	들	과		집	에	서		블
럭	을		만	졌	다	.	내	일	도		또
그		친	구	와		놀	고	싶	다		

깨끗이 사용합시다.

그림 일기를 쓰게 해 보면 생각한 것과 달리 그림과 글자가 서로 부족하고 서투른 점을 메워 주는 노릇을 하지 못한다. 아이들은 그림을 날마다 그리는 것에 굉장히 부담을 갖는다. 1학년 아이들 대부분은 그림을 그렸다 하면 꼼꼼하게 색칠을 하는데, 사실 그게 그리 쉬운 일이 아니다. 너무나 힘들어한다. 이러니 아이들은 1학년 때부터 일기라면 진저리를 친다.

또 그림을 그릴 곳도 문제다. 똑같게 정해진 직사각형 칸에 그것도 자그마한 칸에 그려야 한다. 그림을 대담하게 그릴 수도 없다. 조잡할 수밖에 없다. 지도에 따라서 다를 수 있지만 아이들은 그림을 그려 넣고 아래에 있는 글자 쓰는 칸에 그림을 설명하는 정도로 글을 쓴다. 겹치기 표현이다. 둘 가운데 하나는 필요가 없는 것이 된다. 잘못하다가는 그림도 제대로 된 것이 못 되고 글도 제대로 되지 못한 채 어정쩡하게 되고 만다. 그림도 표현 수단이요, 글도 표현 수단이다.

그림 일기보다는 처음부터 글로 일기를 쓰는 것이 좋다.

12. 어른들이 일기 쓰는 모습을 보여 주지 않기 때문에

　많은 교사와 학부모들이 '아이들이 일기를 쓰지 않는다.' '쓰기를 싫어한다.' '큰일이다.'고 걱정을 한다. 그런데 이런 말을 하는 교사나 학부모들 자신은 얼마나 일기를 부지런히 쓰고 있을까? 만약 쓰고 있지 않다면 어른들의 이런 모습을 아이들은 어떻게 생각할까? 어른들이 스스로 일기를 쓰지 않으면서 아이들에게만 일기를 쓰라고 하는 태도가 일기를 애물단지로 여기게 하는 가장 큰 걸림돌이다.

　이 가장 큰 걸림돌을 마지막에 놓은 까닭은 어른들도 일기 쓰기 지도를 잘못 받은 피해자라고 생각해서다. 자기는 일기를 쓰지 않고, 그러면서도 아이들에게는 그 잘못 받은 방법으로 일기를 강요하고, 또 그 아이가 자라서 그렇게 되풀이하는, 이런 악순환의 한가운데 어른과 아이가 함께 서 있다고 생각해서다.

　이 책을 여기까지 읽고도 자기 일기장을 준비하지 않고 일기 지도를 하려고 든다면 모든 것이 헛것이다.

　교육은 말로 되지 않는다. 머리로 가르쳐서는 절대 되지 않는 게 교육이다. 가르치고자 하는 사람이 몸으로 보여 주는 것만이 가장 확실한 방법이다. 교육은 지름길이 없다고들 하지만 없는 게 아니라 있다. 몸으로 본을 보여 주는 것, 오로지 그것이 가장 확실한 지름길이다. 몸으로 보여 줄 때 거기에는 감동이 있다. 감동이 있어야 힘이 있고 설득력이 있다. 사랑과 자비를 베풀면서 살아가라고 한 예수와 부처님의 말씀이 어떻게 하여 그처럼 힘이 있을까? 어떤 힘이 있기에 몇천 년이 지난 지금까지 수많은 사람들이 우러러보며 따르고 있는가? 그것은 그분들이 뛰어난 머리로 가르침을 열어서도 아니고 사람의 마음을 사로잡는 웅변을 해서도 아니다. 오로지 몸으로 보여 주었기 때문이다. 거기에서 엄청난 힘이 나왔다. '이눔들아, 음식 천대하면 천벌받는 겨.' '사람은 인사를 잘해야 혀.' '남의 눈에 눈물 내면 내 눈에는 피가 나는 법이여.' 일자 무식 할아버지가 이런 투박한 말로 자식들을 훌륭하게 교육시킬 수 있었던 것은 바로 할아버지가 몸으로 보여 주었기 때문이다.

만약에 아이가 "선생님은, 아버지, 어머니는 왜 일기를 안 써요?" 하고 물으면 뭐라고 대답하겠는가? 아이가 직접 이렇게 묻지 않지만 심정으로는 그렇게 묻고 있다고 보아야 한다. 나도 초등학교 다닐 때는 일기를 많이 썼다. 이렇게 대답할 수밖에 없겠지. 그렇다면 일기는 무엇인가? 초등학교 때나 쓰고 말아 버리는 하찮은 일이 되고 만다. 아이는 어른이 되면 이 지겨운 일기 쓰기에서 벗어나는구나 하고 생각하고 말겠지. 지금의 어른들도 그렇게 알고 자랐다. 그래서 어른이 된 지금 일기를 훌훌 가볍게 털어 버린 것이다. 잘못된 일기 쓰기 교육은 이처럼 무서운 악순환을 가져온다. 언제나 제자리일 수밖에 없는 고무줄 교육이다. 억지로 잡아당겨 있을 때만 늘어져 있지 손을 놓아 버리면 제자리로 돌아가 버리는 고무줄 교육.

내가 가르치는 아이가 일기를 잘 쓰기를 바란다면, 우리 아이가 일기를 잘 쓰기를 진정으로 바란다면, 지도하는 어른이 일기장 공책을 한 권 사서 당장 오늘부터 일기를 쓸 일이다.

2장 어떻게 시작할까

1. 유치원 때부터 쓰는 그림 일기
2. 말로 쓰는 일기
3. 처음 써 보는 짧은 글 짓기
4. 일기 쓰기, 언제쯤 시작할까
5. 준비는 어떻게 할까
6. 일기를 처음 시작하는 날
7. 첫날 쓴 일기

시작이 **딴**이라는 말이 있다. 시작이 중요하다는 말이다. 무슨 일이든 시작이 중요하겠지만 일기 쓰기는 정말이지 시작을 잘해야 한다. 평생을 써야 할 글쓰기 시작이다. 시작에 따라서 방향이 아주 달라질 수 있는 게 일기 쓰기다. 꽃을 피우고 열매를 맺을 수 있도록 하느냐 아니면 애물단지 일기 쓰기가 되게 하고 마느냐 하는 것은 이 시작에 달렸다.

글쓰기를 지도할 때 아래 학년보다 윗학년이 더 어려운 경험은 해 보았으리라. 이는 무엇을 말하는가. 시작을 잘못하여 엉뚱한 쪽으로 가고 있으면 제자리로 되돌려 처음부터 다시 시작을 해야 하는데 되돌리는 일이 쉽지 않다는 이야기다.

1. 유치원 때부터 쓰는 그림 일기

조기 교육 바람이 일기 쓰기에도 불고 있다. 유치원에서 벌써 그림 일기를 가르치는 곳도 있다. 무엇을 노려서 그럴까. 그렇게 하면 초등학교에 들어가서 일기를 잘 쓰게 되고 대학에 들어갈 때 논술 시험을 잘 치게 되리라고 믿어서 그런가? 정말 그럴까. 아니다. 절대 그렇지 않다. 여섯 살 아래에서는 글자를 익히지 않는 게 옳다.

유치원 때는 그 시절에 공부해야 할 것들이 따로 많이 있다. 유치원 때는 글씨가 없는 그림만으로 자기 하루 일을 표현하는 것이 좋겠다. 하루 일이라고 하지만 하루 일이 아니라 방금 전 일을 그려 보게 하는 것이 좋겠다.

만약 유치원에서 그림 일기를 그리고 써 오던 아이라고 하더라도 초등학교에 들어와서는 그림 일기든 글로 쓰는 일기든 한동안 쓰지 않도록 해야 한다. 아이가 설령 쓰려고 하더라도 교사나 학부모가 말리는 것이 좋다. 더 이상 그림 일기로 굳어지지 않도록 하기 위해서다. 또 7월에 가서 일기 쓰기를 시작할 텐데 그 때 당연히 가져야 할 일기에 대한 호기심을 잃지 않도록 하기 위해서다. 처음 시작할 때의 호기심은 참으로 중요하다.

2. 말로 쓰는 일기

관심 있게 들어 주자

말이 곧 글이다. 1학년 아이들은 말을 들어 주기만 하면 담임에게나 부모님에게 쉴새없이 말을 한다. 들어 주는 것이 중요하다. 특별히 말하는 법을 가르치지 않고 들어 주는 것만으로도 훌륭한 말하기 교육을 하는 것이다. 골목에서도 운동장에서도 두 사람만 모이면 온갖 말들이 오고 간다. 1학년들은 혼자서도 말을 많이 한다.

학년이 올라가면 어떤가? 골목에서 운동장에서 하는 말은 여전하다. 공부를 잘하는 아이 못하는 아이, 노래를 잘 부르는 아이와 못 부르는 아이, 그림을 잘 그리는 아이와 못 그리는 아이 할 것 없이 말을 잘한다. 목소리 크기, 말 빠르기나 강약, 음색이 다를 뿐이다. 그런데 이 아이들이 공부 시간이 되면 벙어리가 되어 간다. 1학년 때는 골목 말하기나 교실 말하기가 나누어지지 않는데 고학년이 될수록 골목 말하기와 교실 말하기가 따로다.

골목 말하기와 교실 말하기가 나누어지지 않도록 1학년 때부터 아이들 얘기를 관심 있게 들어 주자. 자기를 표현하는 길을 활짝 열어 주는 일은 바로 여기서 시작된다.

"있잖아요. 어제 우리 할아버지가 없어져서 난리가 났어요."
"왜?"
"깜깜할 때까지 안 들어와서 아버지와 어머니가 찾아 나섰어요. 온 데를 다 찾아도 없었어요."

"저런. 그래서?"

"근데 찾았어요. 어디냐 하면 논두렁 밑에서 할아버지 친구하고 술을 마시고 있었어요. 아버지가 먼저 찾았어요. 그 뒤에 나도 갔어요."

"다행이네."

"술은요, 소준데요. 오징어를 잡수고 있다가 나를 좀 줬어요."

"참 웃기지요."

"그래 웃긴다."

훌륭한 일기다. 글자로 옮기기만 하면 된다. 일기가 뭐 별것인가. 이렇듯 아이들은 자기 이야기를 조금만 진지하게 들어 줘도 시도 때도 없이 마구 쏟아 낸다. 아이들 이야기를 들어 줄 시간이 넉넉하지 않을 때는 들어 주는 척이라도 하면서 다른 일을 하면 된다. 가끔 고개를 끄덕이기도 하고 말을 끝냈다 싶으면 한 번 고개를 들어 눈을 마주치며 웃어 주는 것으로도 충분하다.

손톱 깎으며 이야기 나누기

교사나 부모에게 말을 잘 하지 않는 아이는 손톱을 깎아 주면서 이야기를 주고받으면 참으로 좋다. 손을 꼭 잡고 그윽하게 눈을 맞추면 말하기에 앞서 따뜻한 정이 오가고 믿음을 두텁게 쌓아 가는 일이 되기도 한다. 걱정이 있는 아이나, 동무들과 싸움질을 한 아이, 공부 시간에 문제를 못 풀어 쩔쩔맨 아이라면 더욱 효과가 높다. 겨울 아침막 교실에 들어선 아이의 차가운 손을 꼭 잡고 손톱을 깎으면서 나누는 이야기는 더욱더 정겹다. 요사이 아이들은 손톱을 길러서 다니지 않는다. 그냥 다듬어 주는 정도다. 그러니까 위생 지도를 위한 손톱

깎기가 아니다.

손톱을 깎아 주며 이야기를 나누든, 마냥 아이 이야기를 들어 주든 이런 일은 꼭 일기 지도를 마음에 두고 할 것은 아니다. 교사와 아이, 부모와 아이 사이는 늘 이런 친밀함과 정이 넘쳐야 한다. 일기 쓰기 지도는 그 다음이다.

1996년 12월 6일 금요일. 맑았으나 추웠다.
손톱

성진아

아침에 학교에 오자 선생님께서 손을 만지면서 손톱을 깎아 주셨다. 어제는 민정이와 경훈이 손톱을 깎았는데 오늘은 내가 일빠따로 되었다.

꼭 우리 아버지처럼 느껴졌다.

"야 인마, 선생님이 손톱을 깎으러 좀 남가 두지."

"우리 어머니가 깎았어요."

"진아야, 청소하는 게 재미있다고 했지?"

선생님이 이렇게 말을 해서

"쓰는 것은 재미있어요."

그랬다. 이게 선생님과 내가 한 말이다.

내가 깎고 희영이도 손톱을 깎았다. 다 깎고 선생님이 선물이라면서 희영이에게 손톱을 모아서 손에 넣어 주었다. 희영이는 그것을 뒤에 있는 쓰레기통에 갖다 넣었다.

나는 선생님이 손톱 깎은 돈을 내라고 해서 웃으면서 선생님을 안아 주었다. 나는 우리 선생님이 우리 아버지면 좋겠다고 생각을 했다. (6시 40분→7시 20분)

진아가 바로 전날 일기에 청소가 재미있다고 썼다. 세상에 청소가 재미가 있다니? 그 이야기를 듣고 싶었다. 왜 청소가 재미있었는지 까닭을 알고 싶었다. 그냥 "성진아. 이리 와 봐라." 하고 앞에 불러 세워서 물을 게 아니라 손톱을 깎으면서 속삭이듯이 이야기를 나누고 싶었다.

여기서는 진아가 그냥 손톱 깎아 준 데 대한 고마운 마음을 중심으로 일기를 쓰려니까 그 일은 대강 쓰고 말았지만 이야기는 제법 길게 나누었다.

'강강술래' 하면서 쓸었는데 '강강' 할 때는 책상 밑이나 구석에 있는 쓰레기를 모으고 '술래' 할 때는 모은 쓰레기를 골마루로 끌고 갔다고 한다. 모을 쓰레기가 많으면 '강강'을 여러 번 하고 모은 쓰레기를 길게 쓸어 갈 때는 '술래'를 여러 번 되풀이했단다. 여기서는 '강강 술래술래' 저기서는 '강강강강 술래' 재미있을 법도 하다. 놀이하듯이 청소를 했으니까 말이다.

민지는 손톱을 깎으라고 손을 내밀고는 전날 부모님이 싸운 얘기를 털어놓았다.

"아버지와 어머니가 싸우면 누구 편을 들고 싶니?"

"아버지 편을 들고 싶어요."

"왜?"

"아버지는 안 싸울라고 하는데 어머니가 자꾸 싸워요."

"어머니가 힘이 더 센 모양이지?"

"아니래요. 아버지가 힘이 더 세요. 어머니가 울었는걸요."

"어머니가 울어도 아버지 편을 들고 싶던?"

"어머니가 울 때는 아버지가 미워요."

"아버지와 어머니가 지금도 서로 말을 하지 않니?"

"오늘 아침도 안 하고 어머니가 누워 있어요."

"그래서 걱정이니?"

"예."

"자식, 그런 걱정은 안 해도 돼."

"왜요?"

"원래 싸움은 가장 가까운 사람과 하지 않니? 민지도 동생과 가장 많이 싸우지?"

"맞아요."

"아버지와 어머니가 함께 집안을 꾸려 가다 보면 가끔 싸움을 할 때가 있단다. 그렇지만 조금 있어 봐라. 아버지와 어머니는 또 사랑하면서 살아가지."

"우리 아버지와 어머니는 한 번 싸우면 오래 말을 안 해요."

"그 전에도 그랬니?"

"예, 많이 그랬어요."

"봐라. 그 전에 싸움을 하고 금방 사이좋게 살다가 또 싸움을 했잖아. 안 그래?"

"맞아요."

아이들은 부모가 싸운 이야기는 일기에 잘 쓰지 않는다. 거기에는 여러 가지 까닭이 있다. 첫째는 견딜 수 없이 불안해서 일기를 쓸 마음조차 없기 때문이고, 둘째는 부모님이 그런 일기 쓰는 것을 가만히 두고 보지 않기 때문이다. 그리고 어린 마음에도 부모님 싸움을 선생님에게 알리고 싶지 않기 때문이기도 하다. 어쩌다 쓴다고 해도 아주 간단하게 슬쩍 비치고 만다.

크든 작든 부모들 싸움은 아이들에게 큰 걱정을 안겨 준다. 싸움에 따라 다르지만 아이들은 혹시나 아버지와 어머니가 헤어지면 어쩌나 하는 걱정도 하고, 어머니가 집을 나가 버리거나 죽기라도 하면 어쩌나 하는 불안에 사로잡힌다.

이럴 때는 교사가 아이들 마음을 다독거려 주어야 한다. 불안에서 벗어나도록 해야 한다. 다만 이런 이야기를 들을 때, 아이들 편에 서겠다는 마음이 앞서 부모가 큰 잘못을 했다는 느낌이 들지 않도록 조심해야 한다. 또 싸움 장면은 꼬치꼬치 캐묻지 않는 게 좋다. 아무튼 이렇게 손톱을 깎으면서 이야기를 나누다 보면 누구에게 말 못하고 일기로도 쉽게 쓸 수 없던 답답하고 걱정스런 마음을 조금씩 풀어 낸다. 이게 바로 손톱을 깎으면서 나누는 말하기의 놀라운 효과다.

또 한 가지 아이들 이야기를 들을 때 놓쳐서는 안 되는 중요한 것이 있다. 말버릇을 인정해 주면서 들어 주는 것이다. 이를테면 "있잖아요."를 먼저 말하고 나서 뒷말을 하는 아이들이 많은데 이런 아이에게 '있잖아요.'는 빼고 말하라고 해서는 안 된다. 그런 간섭은 자칫 말문을 닫게 해 버린다.

아이들 말을 부지런히 들어 주는 일은 말하기 공부는 물론 1학년 아이들의 일기 쓰기 공부에도 아주 중요한 자리를 차지한다.

3. 처음 써 보는 짧은 글 짓기

일기보다 먼저 자기 생각이나 겪은 이야기를 써 보는 글이 짧은 글 짓기이다. 짧은 글 짓기는 낱말 공부의 한 방법인데 사전에 적힌 뜻을 그대로 외워 알게 하는 것이 아니라, 글의 앞뒤 문맥으로 그 뜻을 알아 나가는 공부다. 그러다 보니 짧은 글 짓기는 주어진 낱말을 넣어서 문장만 만들면 되는 것으로 알기 쉽다.

깜짝 : 호랑이는 깜짝 놀랐습니다.
노래 : 가족들 앞에서 노래를 부릅니다.
전학 : 영수가 전학을 갔습니다.

낱말 공부라는 목적만 생각하고 아이 생활과 아무런 관계가 없는 글을 쓰게 했다. 제 생활과 동떨어진 이런 짧은 글 짓기는 낱말을 바르게 썼다고 할 수 없다. 모든 아이들에게 하나같이 이렇게 정답 쓰는 방법을 익히게 할 것이 아니다.

전학 : 우리 반 초록이가 전학을 갈 때 우리는 편지를 써서 주었습니다. 초록이 집인 벽지 공장에서 불이 나서 초록이가 전학을 멀리 갔다.
전학 : 푸른마음 모둠 식구인 초록이가 전학을 가는데 기영이가 울었다. 공의람이도 울라 카고 같은 모둠이 아닌 정승이가 책상에 머리를 대고 울어서 아이들이 놀겠다.

이렇게 짧은 글 짓기를 하도록 한다면 말이 짧은 글 짓기지, 제법 긴 글을 쓰게 된다. 이렇게 짧은 글 짓기가 일기 쓰기에 자연스럽게 이어지도록 한다. 이 때 글자가 틀린 것에 대해서는 크게 신경을 쓰지 말 일이다. 문제는 주어진 낱말을 두고 자기 경험과 관련지어 쓸 수 있게 하는 것이다.

4. 일기 쓰기, 언제쯤 시작할까

초등학교에 입학하자마자 일기를 쓰게 하는 학부모도 있다. 이는 좋지 않다. 아이가 글자를 다 익혔더라도 부모들의 이런 성급함은 아이를 일기 쓰기와 영원히 멀어지게 할 수도 있다.

1학년 국어 공부 시간에 짧은 글 짓기 정도로 자기 이야기를 쓰면서 글자도 더 익힌 뒤 7월쯤 시작하는 것이 좋다. 7월 1일부터 일기를 쓰기로 했으면 그 준비 기간을 적어도 2주일 정도는 잡아야 한다. 그러니까 6월 중순쯤에 준비를 해서 7월에 시작하는 게 알맞다.

5. 준비는 어떻게 할까

먼저 짧은 글 짓기를 하여 자신이 겪은 일을 그대로 글로 써 보게 하는 일이다.

다음에는 아이들에게 일기 쓰기에 대해 대단한 기대를 갖도록 만들어 주어야 한다. 어느 날 갑자기 일기장을 사다 주면서 일기를 쓰자고 해서는 안 된다.

먼저 이렇게 해 보자. 짧은 글 짓기 공부를 한 뒤에 어느 날 1학년 또래가 쓴 일기글을 미리 골라 두었다가 보여 준다. 처음 보여 주는 일기글은 상당히 중요하기 때문에 마음을 써서 가려 뽑아야 한다.

가려 뽑을 일기글의 조건을 들어 보면 다음과 같다.

• 너무 길지 않을 것, 그렇다고 너무 짧지도 않을 것.
• 아주 정직하게 쓴 일기글일 것.
• 틀리게 쓴 글자가 반드시 들어 있을 것.
• 환경이 비슷한 아이 글일 것.
• 특별한 이야기가 아니라 누구나 겪을 법한 이야기를 쓴 글일 것.

아이가 주눅이 들지 않고 나도 이 정도는 쓸 수 있다는 자신감을 갖도록 하는 글이어야 한다. 일기를 보고 아이들이 '어, 내 이야기와 비슷하네.' '나도 그런 일이 있었어.' '틀린 글자가 많네.' 하고 말할 수 있는 일기가 좋다. 예를 들면 이런 일기다.

1993년 9월 2일 목요일. 맑고 선선하다.

김지웅

　　나는 오늘 학교 식당에서 밥을 먹고 교실에 왔다가 교실 뒤에 있
는 분수대를 보았다. 거기에 있는 고기를 만치고 시펐다. 그래서 참
지 못해 고기를 만쳤다. 그 때 근재가 와서 야 재미있겠다. 나도 한
번 만쳐 보자 캐서 비켰더니 화분이 너머졌다. 화분이 뿌라지고 하
나는 ⓗ이 ⓢ아졌다. 그래서 나는 그것을 챙그리노코 선생님한테
야단 마즐까 도망을 갔다.

　　지웅이 글을 읽은 아이들은 분명 나름대로 평이 대단할 것이다. 틀
린 글자가 많다고도 할 것이고. 우습다고 깔깔거리기도 할 것이다. 이
정도는 자기도 쓸 수 있으니 당장 내일부터 일기를 쓰자고도 할 것이
다. 이러면 성공이다. 교사나 학부모는 이런 글을 참 잘 썼다고 입에
침이 마르도록 칭찬하고 감동하는 모습을 많이 드러내야 한다. 아이
들은 별것 아닌 일기를 두고 그렇게 감동을 하니 자기도 당장 써서 선
생님이나 부모님을 감동시키고 싶어 안달이 난다. 그렇다고 내일부터
당장 쓸 것이 아니라 7월까지는 뜸을 들인다. 이 때도 아이들에게 7월
에 쓴다고 말하지 말고 그냥 다음에 쓰자고 하고 넘어가는 게 좋다.
　　지웅이 일기를 가지고 아이와 함께 다음과 같은 이야기를 자연스럽
게 나누면 효과가 있다.

• 날짜와 요일을 정확히 썼구나.
• 날씨를 맑음, 흐림, 비 따위로 쓰지 않고 자세히 썼네.
• 글자를 모르니까 동그라미를 하고 썼구나.

- 1학년이면 틀린 글자가 있는 게 당연하지.
- '뿌라지고. 챙그리노코' 와 같이 늘 쓰고 있는 사투리를 쓰기도 했네.
- 선생님에게 야단 맞을 수도 있는데 거짓말하지 않고 정직하게 썼구나.

7월 1일이 되기 전 사이사이에 이런 일기를 가끔 써 보여 주면서 쓰고 싶은 마음을 더욱 일깨워 주자. 쓰고 싶어서 안달이 나게 말이다.

1993년 9월 18일. 굉장히 더웠다.

김신의

저녁을 먹고 난 뒤에 어머니가 이렇게 말했습니다.
"신의야 너거 학교에서 재미있는 거 없니?"
나는 재미있는 게 생각이 안 나서 이렇게 말했습니다.
"있짜나. 우리 선생님은 공부 시간마다 바지를 자꾸 끌어올린다."
그랬더니 아버지가
"너거 선생님 바지에 고무줄이 떨어진갑지?"
이래서 어머니와 나는 웃었다. 얼마나 웃었는지 눈물이 나올라고 했다.
선생님이 바지를 끌어올리는 게 어째서 고무줄이 떨어진 것이노? 바지에 무슨 고무줄이 있겠노? 선생님은 배가 나와서 바지를 끌어올린다고 어머니가 그랬다. 나도 어머니 말이 맞고 아버지 말은 그냥 웃기는 말이다.

6. 일기를 처음 시작하는 날

2주일 동안 애를 태우며 뜸을 들이다가 드디어 일기를 쓰기로 한 날이다. 아이들이 손꼽아 기다린 날이다. 첫날, 다음과 같은 몇 가지를 나누어 준다.

- 일기장 : 보조 줄이 있는 여덟 칸짜리 쓰기 공책 한 권. 겉장에 '일기장1'이라고 써 준다.
- 칠판에 공책과 똑같이 칸을 그려 놓고 오늘 날짜와 요일을 쓴다. 그리고 날씨도 함께 의논해서 써 놓는다. 아이들은 그대로 따라 적는다.
- 학부모에게 보내는 가정 통신문 : 오늘부터 일기를 시작하는데 아이가 쓰는 일기가 서투르겠지만 교사의 지도를 믿고 지나친 간섭을 하지 말아 달라는 당부의 말. 일기가 글자 익히기 공부나 글쓰기 공부가 아니라는 내용과 보기 일기글 따위를 넣어 학부모들이 이해할 수 있도록 길게 쓰면 좋다.
- '꼭 알아야 할 일'이라는 복사물을 나누어 주고 일기장 속표지에 붙여 두도록 한다. 이 '꼭 알아야 할 일'은 당장 무슨 뜻인지 몰라도 된다. 일기장 1권을 다 쓸 때까지 함께 공부하는 것이고 학부모도 알아 두어야 할 내용이기 때문에 처음에는 조금 무리다 싶어도 괜찮다.

꼭 알아야 할 일

- 일기는 오늘 내가 겪은 일을 쓰는 글입니다.
- 오늘 있었던 일 가운데 남에게 들려 주고 싶은 이야기를 말하듯이 쓰면 됩니다.
- 오늘 있었던 일 가운데 실수한 일, 부끄러운 일도 좋은 일깃감입니다.
- 억울하고, 괴롭고, 답답하고, 속상한 일도 좋은 일깃감이 됩니다.
- 잘 모르는 글자는 동그라미를 하고 그 안에 아는 대로 씁시다.
- 언제 어디서 있었던 일인지 밝혀 씁시다.
- 집에 가자마자 곧 일기를 씁시다.
- 자세히 쓰도록 합시다.
- 일기 끝에 쓰기 시작한 시간과 끝난 시간을 쓰도록 합시다.
- 내 힘으로 일기를 쓰도록 합시다.
- 적어도 30분은 앉아서 쓰도록 합시다.

일기를 처음 쓴 다음 날은 아이나 교사나 학부모나 다 같이 흥분한다. 아이도 선생님에게 일기를 보여 주고 싶어서 조금 일찍 서둘러 학교에 가고 싶어할지 모른다. 교사도 다른 날보다 분명 더 빨리 출근을 하게 된다.

그러나 여기서 잠깐, 너무 성급하게 기대해서는 안 된다. 학부모라면 더욱 그렇다. 아이의 첫 일기에 흥분한 나머지 멋진 일기를 만들도록 하지 말자. 아이들이 어떻게 쓰는지 그냥 설레는 마음으로 끝까지 지켜 봐야 한다. 그리고 역시 지나친 기대를 하지 말기를 당부한다. 아무리 빨리 쓰자고 조른 아이들이지만 역시 1학년이다. 생전 처음 일기라는 것을 쓰는 아이다. '그렇게 야단스럽게 쓰자그 하더니 겨우 이 정도야.' 이래서는 절대로 안 된다. 교육은 뺑튀기가 아니다. 아이 키가 어떻게 자라던가? 어느 날 갑자기 쑥 커 버리지 않는다는 것을 우리는 알고 있다. 중요한 것은 오늘 쓴 일기의 내용이 아니라 내일도 일기를 쓰려고 하는가 하는 것이다.

7. 첫날 쓴 일기

1996년 7월 1일 월요일. 맑고 더웠다.

이현아

나는 오늘 학교에서 마치고 집으로 갔다. 와 보니 내 동생이 있었다. 내가 심심해서 내 동생하고 같이 놀았다. 그런데 내가 애라한테 장난을 쳤다. 내가 애라 옷에 개미가 붙었는 얘기를 했다. 애라가 자기 옷을 건드려도 튀어 나오지 않았다. 그러자 애라가 몰래 팬티를 벗고 오줌을 놓다. 내가 화났다. 그래서 조패불었다. 그래서 나를 때렸다. 재미가 없었다.

최성욱

오늘 낮에 내하고 내 동생하고 메뚜기를 자부로 갔다. 오늘 비가 안 와서 재미있는 숙제는 못 하고 메뚜기를 자받는 것뿐이다. 그런데 메뚜기가 너무나 잘 뛰었다. 내가 놓치고 안 놓치고 놓치고 안 놓치고 했다. 이번에는 하나도 안 놓쳤다. 내가 시장 쪽으로 두 발짜구만 가 보니 풀이 좀 많이 있었다. 그 풀을 발로 차니까 뛰는 게 너무 많았다.

전유리나

나는 오늘 동생을 보았다. 동생을 보고 있는데 어머니께서 동생을 보고 청소 좀 하게 보행기에서 누나야랑 가치 놀아라고 하셨다. 그

러는 게 동생을 보라는 말이다. 똑같다. 나는 그래서 동생이랑 놀았
다. 아까는 어머니께서 동생을 업고 있었다. 그래서 나는 어머니께
서 덩어리가 아파다고 생각을 했다. 아까아까는 동생이 잘 놀고 있
는데 좀 이따가 울기 시작했다. 그래서 또 어머니께서 동생을 업었
다.

김정승

세훈이가 심심하다고 했다. 우리는 가방을 서로 바꾸자고 했다.
세훈이와 가방을 바꾸어 메고 집에 왔다. 어머니께서 가방을 바꾸
었다고 야단을 쳤다. 가방 속에는 부적이 있써쩌다.

윤기영

오늘 화원에 갔습니다. 미니카를 사 돌라고 졸랐습니다. 내가 어
머니한테 야단을 마저습니다. 또 아버지한테 야단을 마잘 번 생각
했다.

정창인

나는 오늘 달리기를 했다. 그런데 누구하고 했냐면 우리 이웃 사
촌 두 명하고 했다. 그래 가주고 내가 일등을 했다. 나는 그래 가주
고 기뻤다.

장경철

오늘 명환이하고 내하고 학교 운동장에서 자전거를 타고 놀았다.
나는 레미콘 번호가 영대구 14-5786이었다. 명환이는 영대구 14-
5195였다. 그런데 명환이가 나한테 미테 가게까지 돌자고 했다. 그

래서 나는 할 수 업씨 갔다.

정병화

　노는 시간에 오줌을 눌로 갈 때 복도에서 친구 배계경을 만났다. 재경이가 너 어디 가니? 하고 물어서 화장실에 간다 하고 드갈 종이 쳐서 교실에 들어갔다. 그런데 공부 시간에 오줌이 누고 십은 줄 알았는데 안 나올라고 했다.

　첫날, 아이들은 기대했던 것보다 일기를 잘 썼다. 문제는 이 때부터다. 앞으로도 계속 이렇게 신이 나서 일기를 쓸 수 있게 해야 한다.

3장 무엇을 어떻게 쓰게 할까

1. 날씨 쓰기
2. 일깃감 고르기
3. 본문 쓰기
4. 쓴 글 읽어 보기
5. 일기 쓰는 시간
6. 일기장 봐 주기
7. 일기 발표
8. 일기장 묶어 주기
9. 그 뒤의 지도

1학년 일기가 시작되었다. 이쯤 되면 시작은 일단 성공이다. 3장에서는 일기 지도를 시간대별로가 아니라 일기 쓰기 차례에 맞추어 지도 방법과 지도 사례를 함께 내보일 작정이다. 그러니까 1장에서 진단한 일기 쓰기 걸림돌을 해결하는 방법이라고 보면 되겠다. 될 수 있으면 1장과 2장에서 말한 내용들을 되풀이하지 않으려 하지만, 어쩌다 다시 이야기하는 것이 있으면 그만큼 중요한 것이구나 하고 보면 될 것이다.

1. 날씨 쓰기

많은 사람들은 일기에 '맑음, 흐림, 갬, 비, 눈' 이렇게 다섯 가지 가운데 하나를 골라 그 날 날씨를 적는다. 초등학교 1학년은 물론이고 대학생이나 어른들도 이 다섯 가지로 날씨를 나타낸다. 그런데 하루의 날씨를 그처럼 간단한 낱말 하나로 나타낼 수 있을까.

여름 같으면 얼마나 더웠느냐에 관심이 가고, 겨울이면 얼마나 추웠느냐에 더 마음이 쏠릴 것이다. 또한 바닷가에 사는 사람은 바람이 얼마나 부는가에 촉각을 세우게 된다. 연암 박지원은 열하 일기에서 압록강을 건너는 15일 동안은 비가 얼마나 왔는가에 온통 관심을 두고 기록했다.

날씨를 문장으로 쓰게 해야 한다. 아침부터 일기 쓸 때까지 일기 변화를 간단하게라도 문장으로 나타내게 하면 아이들은 아주 재미있어 하며 쓴다. 어떤 아이는 날씨를 한두 장이나 쓰는 아이도 있다. 재미있어 그렇게 쓴다. 일단 날씨를 다섯 가지로 나타내지 않고 문장으로도 쓸 수 있다는 것을 안 다음에는 가끔씩 낱말로 적어도 된다. 변화가 없었던 날씨는 그렇게 쓸 수도 있다. 계속해서 이래라 저래라 간섭하지 않는 게 좋다.

나은애

1996년 11월 5일. 아침부터 비가 내렸다. 그래서 나는 우산을 쓰고 학교를 가다 보니 비가 오지 않았다. 날씨는 이상하다. 오려면 계속 오면 될 걸 가지고 오다 안 오다 그랬다. 그래서 우산을 썼다가 껐다가 그랬다. 날씨가 나를 귀찮게 하였다. 학교 복도에 들어가서 우산꽂이에 우산을 넣었다. 집에 올 때는 비가 오지 않았다. 지금도 비가 오지 않고 바람만 조금 분다.

　날씨만 해도 하루 일기가 거뜬하게 된다. 날씨를 길게 쓰다가 보니 '오려면 계속 오면 될 걸 가지고 오다 안 오다 그랬다.' '날씨가 나를 귀찮게 하였다.'고 자기 생각을 넣어 쓰기도 했다. 이러면 어떤가?

　1997년 1월 8일 수요일. 춥고 눈이 녹고 땅에는 얼음이 얼고 또 큰다라이에도 얼음이 얼고 해가 뜨고 바람이 많이 불고 해가 없는 쪽에는 눈이 있다.
　함동권 누나
장경철

　오늘 병화와 11시 30분에 삼리교회 바깥 놀이터에서 만나기로 했다. 그래서 삼리교회 바깥 놀이터에서 기다렸다. 기다리니까 어떤 꼬맹이가 도로에 걸어오고 있었다. 그리고 꼬맹이를 자세히 보니 병화였다. 그리고 병화를 데리고 우리 집으로 왔다. 그리고 놀다가 비디오를 보고 12시에 동권이 집에 가서 숙제하고 놀려고 갔는데 동권이가 회관에서 기다린다고 그랬는데 안 기다렸다. 그래서 내가 회관에 할머니께 물어 보았다. 그래서 할머니께서 가르쳐 주셨다. 그래서 동권이 집을 알아 내었다. 그래서 병화와 동권이 집에 갔다. 우리는 놀다가 누나야 한 명이 우리 세 명을 가두어서 탈출했다.
　(5시→6시)

　'큰 다라이에도 얼음이 얼고' 날씨를 이만큼 나타내기도 쉽지 않을 것이다. 얼마나 추운 날씨인지 당장 느낄 수 있지 않은가? 영하 몇 도였다고 수치로 나타내는 것보다 더 가슴에 와 닿는 표현이다.

　날씨를 자세히 쓰게 하는 일은 무엇이든 자세히 살피고 생각하는 힘을 길러 준다. 일기를 쓰기 위해서 하루 날씨를 잘 살피는 이런 일이 무엇이든 자세하게 살피고 생각하는 태도를 길러 준다. 맑음＝해, 흐림＝구름, 비＝우산, 눈＝눈사람, 이것은 하루 가운데 어느 한 순간의 날씨다. 일기글은 한 가지 일을 골라 쓰지만 날씨는 하루 날씨를 자세히 쓰도록 해야 한다.

2. 일깃감 고르기

일깃감 고르기의 어려움

일기를 쓰려고 책상 앞에 앉았다. 무엇을 쓸 것인가? 도대체 쓸 게 없다. 이것부터 해결하지 않으면 어떤 일기 쓰기 방법도 쓸모가 없다. 아래 태근이와 기환이 일기를 보면 아이들이 일깃감 고르기를 얼마나 힘들어하는지 잘 알 수 있다.

1996년 12월 4일 수요일. 맑음.
일깃감

김태근

오늘은 일기 쓸 게 없어서 큰일이다 하고 생각했다. 그런데 일기 쓸 게 없어서 어머니한테 갔다. 그런데 나는 어머니한테 이렇게 말을 했다.

"어머니 일기 쓸 게 없어요."

하고 말했다. 또 어머니는 이렇게 말을 했다.

"일기 쓸 게 왜 없어. 많지."

하고 말했다. 나는

"안 많아요. 없어요."

했다. 어머니는 조금 있다가

"일기 쓸 게 없는 게 일기 쓸 게다."

하고 말을 했다. 또 어머니는

"임마 지금 내하고 이야기하는 걸 쓰면 된다 말이다. 수십 장도 쓰겠다."

하고 말했다. 나는

　"아하."

이렇게 말하면서 일기를 쓰기 시작했다. (7시 30분→8시 45분)

　1996년 11월 9일 토요일. 아침에는 추웠으나 낮에는 안 추웠다.

　생각

배기환

　나는 일기를 쓰려고 했는데 생각이 안 나서 계속계속 생각이 안 났다. 그래서 앉아서도 생각하고 누워서도 생각했는데 그래도 생각이 안 났다. 계속계속 생각했는데도 생각이 안 났다.

　아이들이 쓸 거리 때문에 애를 먹고 있다는 사실을 알 수 있다. 글감 고르기 공부를 많이 한 아이들인데도 그렇다.

　쓸 거리를 고르기만 하면 일기를 반은 쓴 것이나 다름없다. 그렇기 때문에 쓸 거리 잡는 일이 무엇보다 먼저고 중요하다. 그렇다면 어떻게 할 것인가?

밋밋한 일기

　1장에서 특별한 일만 일기로 쓰려고 해서는 안 된다는 이야기를 했다. 그렇다면 누구나 흔히 겪는 일이 일깃거리가 된다는 말인데 다음 일기를 한 번 보자.

학원

학교 공부를 마치고 학원 차를 타고 학원으로 갔다. 학원에서 문제를 풀었다. 문제를 하고 있는데 선생님께서 24일 날에 시험을 친다고 했다. 문제집 이름은 까먹었다. 문제집은 수학만 풀었다. 문제집을 풀고 학력 평가 총정리 15쪽에서 35쪽까지 했다. 집에 여섯 시에 왔다.

축구

청소를 다 하고 나서 운동장에서 축구를 했다. 누구누구 했냐면 진호와 제완이와 동권이와 2학년 형아와 1반 아이들과 했다. 내가 공을 차니 진호가 잘 못 찬다고 했다. 진호도 공을 찼다. 제완이는 공을 찼는데 골인이 되었다. 우리 편말고 골인을 두 개 하고 우리는 세 개를 했다. 땀이 나서 그만 하자고 했다. 안 하다가 또 했다. 참 재미있었다. 재미가 있어서 또 했다. 축구를 하고 학원에 가서 문제를 풀었다. 문제를 풀고 집에 와서 씻고 저녁을 먹었다.

누구나 늘 겪는 이야기를 썼다. 일기 제목을 붙여서 썼기 때문에 이야기가 흩어지지 않았다. 또 언제, 어디에서 있었던 일인가도 잘 밝혀 썼다. 그런데 어떤가. 재미가 하나도 없다. 읽는 사람만 재미가 없는 게 아니라 이런 일기를 계속 쓴다면 쓰는 아이도 재미가 없어 금방 일기에 싫증을 내고 말 것이다. 이런 밋밋한 일기를 쓰게 내버려 둬서는 안 된다. 그런데 왜 이런 일기를 쓸까? 일깃감을 잘 고르지 못해서 그렇다. 일깃감 고르는 잣대가 필요하다.

일깃감 고르는 잣대 세 가지

밋밋한 일깃감이 아닌 좋은 일깃감을 쉽게 찾아 낼 수 있는 잣대는 크게 세 가지로 나누어 볼 수 있다.

첫 번째 잣대

> 누구에게 들려 주고 싶은 이야기인가

학교에서 있었던 일 가운데 부모님에게 들려 주고 싶은 이야기가 있다면 그게 바로 좋은 일깃감이다. 집에서 있었던 일 가운데 동무들에게나 선생님에게 자랑하고 싶은 이야기가 있으면 안성맞춤이다.

"어머니, 오늘 학교에 가니 선생님이 오셔서 우리들에게 공부를 가르쳐 주었어요. 첫째 시간에는 국어 공부를 했고, 둘째 시간에는 수학, 셋째 시간에는 사회, 네 시간을 마치고는 점심을 먹었어요. 그리고 청소를 하고 집에 왔어요."

이런 이야기를 어머니에게 들려 주는 아이가 있을까? 만약 아이가 이런 이야기를 한다면 어머니는 당장 아이를 걱정스럽게 쳐다볼 것이다. 멀쩡하던 우리 아이가 이상하게 되어 버린 게 아닐까 하고 말이다. 그런데도 아이들은 이런 이야기를 일기라고 쓴다. 이런 아이에게 재미있게 쓰라거나 특별한 일을 쓰라고만 해서는 안 된다. 앞에 든 첫 번째 잣대에 대 보라고 하면 일깃거리가 아니라는 걸 쉽게 알아차린다. 이렇게 간단하다. 조금 더 성의 있는 학부모라면 아이가 학교 이야기를 늘어놓을 때 잘 듣고 있다가

"그런 일이 있었어? 그걸 쓰면 좋은 일기가 되겠네."

하고 이야기할 수 있을 것이다. 이런 말 한 마디가 훌륭한 일기 쓰기

지도다. 담임 교사도 마찬가지다. 누가 잘못했다고 일러바치거나, 싸움질을 한 뒤에 자기가 잘못하지 않았다고 목청 높여서 주장을 할 때 이렇게 해 보자.

"야, 자세히 일기로 써 봐라. 그냥 말로 들어서는 잘 모르겠다."

이런 말 한 마디가 일깃감 고르는 눈을 크게 키워 준다. 다음에 쓴 두 아이의 일기를 살펴보자.

1996년 10월 8일 화요일. 아침에는 추웠으나 맑았다.

울지 않았다

김민화

오늘 학교에 와서 책을 다 챙기고 선생님이 뒤에 있는 풀을 뜯으로 가자고 했다. 선생님은 핑크색 코스모스를 뜯어서 다른 잎을 뜯어 꽂으라고 했다. 나는 그 핑크색을 뜯어서 흰색 코스모스에 꽂았다. 나는 그것을 했다. 나는 선생님 말을 듣고 저 뒷산에 가자고 했다.

나는 선생님 말씀을 듣고 뒤에 따라왔다. 그리고는 함동권이 내 뒤에 서서 새치기를 했다. 나는 함동권이가 너무 나빠서 너하고 안 논다고 했다.

그런데 진제완이도 내 뒤에서 새치기를 했다. 함동권 진제완이는 나쁜 녀석들이다.

선생님이 뒤로 돌라 해서 뒤로 돌았다. 그런데 나는 학교로 가는지 알고 갔는데 친구들이 안녕이라고 해서 나는 뒤를 보니까 옆으로 가는 것이었다. 나는 애들 있는 데로 뒤로 돌아 뛰어갔다. 선생님이 올라오지 마라 캐서 내려가서 나는 학교로 갔다. 선생님은 우리 뒤를 따라왔다. 참 재미있었다. 진제완이가 자꾸 뱀이 내 발을 문다고 해서 나는 겁났다. 그래서 나는 너무너무 무서웠다. 그래서 나는 진제완보고 바보라고 놀려서 진제완이가 화가 나서 나를 때려도 나는 울지 않았다.

나는 진제완보고 나는 계속 놀리다가 또 맞았다. 나는 또 울지 않았다. 그런데 함동권이가 또 새치기를 했다. 그래서 나는 구덩이에 빠질 뻔했다. 안 빠져서 다행이었다. 나는 또 진제완에게 놀려서 나는 또 맞았다. 안 울었다. (11시 50분→12시 25분)

1997년 11월 15일 금요일. 아침에는 추웠고 낮에는 따뜻했다.
싸운 일

3학년 김태효

오늘 진현이와 싸웠다. 왜 싸웠냐면 진현이가

"조선 짱구 신짱구."

라고 내 별명을 불러서다. 나는 진현이 등드리를 세게 때렸다. 그러자 진현이가 막 밀었다. 나도 밀었다. 진현이는 내가 의자에 앉자 나를 때렸다. 나는 책상을 진현이게 밀었다. 진현이도 내 책상을 밀면서 "씨발놈아." 하고 했다. 나는 조금 밀었는데 진현이는 쎄게 밀었다. 나는 참을라고 해서 욕을 안 할라고 했는데 화가 나서 나도 모르게 욕을 했다.

"씨발 개새끼야."라고 했다.

진현이는 "뭐 개새끼 니가 개새끼다."라고 말했다. 진현이와 나와 눈을 째래보았다. 책상을 밀다가 내가 계속 밀려 수경이가 "내 고추 졸린다." 하고 말했다. 나는 진현이 어깨를 주먹으로 때렸다. 그러자 진현이는 내 목을 잡고 밀었다. 그런데 그 때 선생님이 들어오셨다. 그래서 우리는 안 싸웠다. 진현이가 미쳤다. 자가 잘하는 것도 없으면서 뭐가 잘났다고 지랄이야 하는 생각밖에 없다.

　선생님 진현이가 먼저 잘못을 해서 싸웠어요. 너무 많이 밀고 욕도 쎄게 했어요. 선생님이 "태효야, 같은 모둠 동무와 잘 지내야지 싸움질을 하면 되나?" 하고 나를 나쁘게 말한 것은 틀렸어요. 진짜 억울하고 진현이가 울었다고 내가 잘못한 것은 아닙니다.

　민화는 평소에 울기를 잘 한다. 그것 때문에 담임인 나에게 야단 맞는 일도 있었다. 아마 집에서도 부모님에게 잘 운다고 꾸중을 들었으리라. 이 아이들을 담임할 때 반 규칙이 두 가지 있었는데 이렇다.

- 울지 않습니다.
- 하루 한 번 선생님에게 안깁니다.

　민화는 울 일이 여러 번 있었는데 울지 않고 버텼다. 대단한 자랑거리다. 그러니 선생님에게나 부모님에게 어찌 자랑하고 싶지 않았겠는가. 민화에게 이보다 더 좋은 일깃감이 어디 있겠는가.

　태효는 진현이가 잘못을 해서 싸운 것이지 자기가 잘못해서 싸운 것이 아니라는 이야기다. 그런데도 선생님이 자기를 나무라니까 얼마나 억울했겠는가. 선생님에게 빨리 이야기를 하고 싶었을 게다. 물론 이 글을 쓰기 전에 태효는 이런 이야기를 했다. 그 때 나는 이미 끝난 이 싸움에 끼여들지 않고 듣는 둥 마는 둥 하고 넘어갔는데 그게 더욱 글로 밝혀야겠다는 생각을 갖게 만들었다.

두 번째 잣대

> 어느 누구에게도 들려 주고 싶지 않고
> 꼭꼭 숨겨 두고 싶은 이야기인가

실수한 일, 창피스런 일, 부끄러운 일, 잘못한 일, 비밀스런 일 따위를 일기에 쓰려고 하지 않는다. 그 까닭은 여러 가지로 생각할 수가 있겠지만 자기 일기를 누군가 보고 이런저런 간섭을 한다는 생각이 먼저 들기 때문일 것이다. 어머니나 선생님이 보고서 "너 왜 이런 짓을 했니?" "큰일날 생각을 하는구나." 이렇게 정색을 할 텐데 어찌 잘못을 저지른 이야기를 쓸 수 있겠는가? 그렇기 때문에 이 잣대를 쓰기에 앞서 꼭 조건이 하나 있다. 일기를 지도하는 사람과 아이 사이에 깊은 믿음이 있어야 한다는 것이다.

1996년 9월 11일 수요일.
슈퍼에서 훔친 일

학원을 마치고 학원차를 기다리는데 3반 원섭이가 탱탱볼을 뽑기 한다고 밑에 가게에 갔다. 나도 따라갔다. 나도 산다고 말을 했다. 나는 돈이 없었다. 왜냐 하면 학원 하지 않을 때 300원이 있었지만 하드를 사 먹어서 없다.

탱탱볼을 훔칠라 하니까 겁이 났다. 탱탱볼은 원래 뽑는데 그래서 그기 없는데 오늘은 있었다. 아저씨가 담배를 줄라고 방으로 들어 갔을 때 얼른 주머니에 넣었다. 아저씨가 좀 오래 있다가 나왔다. 나는 아저씨께서 알까 봐 겁이 났다. 그래도 몰랐다. 담배를 사는 아저씨도 몰랐다. 원섭이는 탱탱볼을 두 개를 뽑았다. 원섭이는 하나는 동생을 준다고 했다. 오면서 나는 탱탱볼을 만져 보았다. 집에 와서 생각하니 겁이 안 났다. 그래도 겁이 조금은 났다. 이제는 탱탱볼을 훔치지 않고 착한 사람이 되어야 한다. 그게 내 생각이다. 나는 꼭 안 훔치겠다. 선생님 이 일기 비밀로 해 주세요.

·1997년 11월 20일 목요일. 아침에는 추웠고 낮에는 더웠다.

이슬이의 지갑을 뒤진 일

3학년 황수영

쉬는 시간에 아이들이 장난치는 소리가 시끄럽게 들려 왔다. 셋째 시간에는 자연을 하는데 자연책을 책상 속을 아무리 뒤져도 없었다. 그래서 가방에 있나 싶어서 가방을 열어 자연책을 꺼내고 가방을 제자리에 놔 두었을 때 이슬이 잠바에 지갑이 떨어져 있었다.

나는 본 척도 하지 않고 이슬이 가방 앞주머니에 넣었다. 이것을 혜숙이가 보았다.

"야 니 지금 뭐 하는데? 니 왜 이슬이 지갑 뒤지노?"

그 말을 들은 나는 몹시 화가 나서 이렇게 말했다.

"나는 안 뒤졌어."

혜숙이는 끝내 그 말을 못 믿어 이슬이게 살짝 그 이야기를 했다. 이슬이는 깜짝 놀라서 지갑을 열어 보니 돈은 정확히 4000원이 있어서 잃어버린 게 없었다. 나는 혹시 돈을 잃어버려 내보고 물려 달라고 할까 봐 겁이 났지만 돈은 잃어버린 게 없어서 마음이 놓였다.

자연 시간을 끝내고 이왕 의심을 받았는데 이런 기회를 놓치지 말자 싶어서 내가 아까 넣어 두었던 이슬이 가방을 뒤져서 지갑을 꺼내고 4000원에서 1000원을 남겨 두고 3000원을 내 주머니에 넣었다.

영어 시간이었다. 이슬이가 울고 있었다. 돈 3000원을 잃어버려서 그렇다. 이슬이가 보기에도 안되었다. 나도 저렇기 되면 마음이 아플 텐데 이슬이가 얼마나 아프겠노? 그래서 주머니에서 돈을 꺼내서 이슬이의 잠바 주머니에 넣을라 카는데 또 옆에서 위로를 해 주던 혜숙이가 이것을 봤다. 나는 몹시 당황했다. 내가 정정당당하게 내가 가져갔다고 말을 했다. 그러니 속이 다 후련했다. 특활 시간을 끝내고 이슬이가 나보고 이런 말을 했다.

"고맙다."

나는 그 말이 무슨 말인지 모르겠지만 그 말을 들은 나는 하늘을 날아갈 것 같았다.

오늘은 참 당황하고 답답하고 양심이 찔린 날이었지만 이렇게 기분이 좋게 해 주는 이슬이가 좋다. '이슬아 고마워.'

이 일기를 쓰기 위해서 큰마음을 먹었을 것이다. 그래서 처음 시작할 때부터 차분하게 쓰지 못하고 긴장을 했다. 이런 일이 늘 겪는 일은 아니지만 아이들 세계에서는 흔하게 일어나는 일이다.

이 아이들도 이런 일이 처음은 아니었을지 모른다. 그렇지만 적어도 교사나 부모에게 일기로 쓰기는 분명 처음이다. 그러니 편안한 마음으로 조금도 거리낌없이 썼다고 볼 수는 없다. 첫 번째 일기를 쓴 아이는 날씨를 대체로 자세히 쓰는 아이인데 아예 날씨를 쓰지 않고 시작한 걸로 봐서도 이를 알 수 있다. 담임 선생님이 일기 내용을 두고 어떤 간섭도 하지 않고 있다는 걸 알고, 그래서 어떤 이야기도 쓸수 있다는 것을 믿고 쓴 글이다. 그래도 여전히 못미더워서 비밀로 해 달라고 부탁했다. 그 부탁을 끝까지 지키려고 여기서도 이름을 밝히지 않았다.

　수영이는 그렇지 않다. 학급 문집 '신나는 교실'에도 실은 일기다. 이 일기를 문집에 실을 때 수영이와 수영이 부모님께 물어 보고 싶었다. 수영이는 선뜻 싣겠다고 했다. 얼마나 용기 있는가. 그 용기가 어디서 나왔을까? 진정으로 반성했기 때문에 할 수 있는 일이다.

　물건이나 돈을 훔친 뒤에 잠시 가슴이 콩콩 뛰다가 마는 경우와 그 일을 다시 한 번 떠올리면서 쓰는 경우를 대 보자. 어느 쪽이 바람직한가? 물건을 훔쳐 놓고도 그게 뭐가 자랑이라고 겁도 없이 일기에 태연하게 쓰고 있는가 하고 생각할 사람도 있겠지. 그러나 그게 아니다. 훔친 이야기를 일기로 쓰면서 남의 물건을 훔치는 일에 대해 나름대로 생각을 해 봤을 것이다. 선생님이나 부모님이 힘주어 설교했을 때보다 더 많이 생각하고 반성했을 것이 분명하다. '나는 꼭 안 훔치겠다.'고 한 말은 진짜배기 반성이라고 봐야 한다. 그러니 이 일기를 쓴 아이에게는 훔친 일을 두고 따로 교육할 필요가 없고, 그래서도 안 된다. 물론 같은 아이가 똑같은 잘못을 되풀이하면서 버릇처럼 이렇게 쓴다면 그건 또 다른 문제다.

　아이들은 어른들 눈으로 보면 칭찬 받을 일보다는 그저 걱정스런 일을 더 많이 하면서 자란다. 잘한 일이나 칭찬 받을 일만 쓰는 것이 일기라고 생각하면 정말이지 일기 쓸 거리는 반이 아니라 아주 없어져 버린다고 해도 크게 지나친 말이 아니다. '드러내어 자랑하고 싶지 않은 일'을 글감 고르는 잣대로 쓴다면 쓸 거리가 어마어마하게 많아진다.

세 번째 잣대

> 억울하고, 답답하고, 괴롭고, 속상하고, 슬픈 일인가

억울하고 답답하고 속상한 일을 겪으면 누구나 하소연이라도 하고 싶고 욕이라도 실컷 하고 싶어진다. 이런 점에서 세 번째 잣대는 첫 번째 잣대인 '누구에게 하고 싶은 이야기인가'와 비슷하다. 그렇지만 입을 꼭 다물고 혼자 속으로 새기고 싶은 일도 많다. 그렇다고 꼭꼭 숨기고 싶은 일은 또 아니다. 세 번째 잣대는 이런 점에서 첫 번째 잣대와 다르다.

정당하지 못하게 일을 처리해서 아이들을 억울하게 한 사람은 주로 가까이 있는 부모님과 담임 같은 어른이다. 그래서 아이들은 말로도 글로도 쉽사리 제 심정을 표현하지 못하고 가슴앓이를 한다. 혹시나 또 야단을 맞을까 봐.

억울한 일이 있으면 억울하다고 일기를 써야 한다. 억울한 이야기를 쓰면 당연히 비난도 하고 비판도 하게 된다. 이런 일기가 나오면 일단은 우리 아이가 당당하고 바르게 자라는구나 하고 반갑게 받아들여야 한다. 버릇없다고 나무라서는 안 된다. 아이가 쏟아 낸 비난이나 비판이 설령 이치에 맞지 않고 지나치더라도 말이다. 생각이 잘못되었다면 깨우쳐 주는 일은 나중 일이다.

1996년 10월 3일 목요일. 맑고 보통이었다.
맞았던 일

이현아

오늘 저녁에 어머니한테 맞았다. 왜냐면 숙제를 해야 되는데 안 해서 맞았다. 전부 다 애라 때문이다. 왜냐면 풀을 뜯어 왔는 걸 어디에 놔 두고 애라가 몰라서 그렇다. 전부 애라 때문이다. 하지만 나는 애라 때문이어도 내 동생을 사랑한다. 애라 때문에 내가 더 심하게 맞았다. 나는 다리에 막대기 자국이 많이 났다. 애라는 어머니한테 안 맞았다. 어머니가 알아보고 때렸으면 내가 안 맞는 건데 어머니는 알아보지도 안 하고 때렸다. 나는 어머니가 너무 미웠다. 그 말을 하고 싶지도 않다.

1996년 10월 21일 월요일. 맑음.
동생 돌보기와 꾸중

전유리나

오늘 내하고 우리 어머니하고 내 동생하고 주현이 집에 갔다. 거기서 우리 어머니가 마늘을 깐다고 내보고 내 동생 준완이를 보고 있으라고 했다.

나는 주현이 한 번 놀아 주고 준완이 한 번 놀아 주고 했다. 그런데 어머니께서 동생을 못 돌봐 주었다고 내한테 야단을 쳤다.

그런데 나는 동생을 잘 돌봐 주는데 왜 동생을 못 돌본다고 꾸중을 쳤을까? 내가 동생을 돌보는데 얼마나 애를 먹었는데 모르고 야단만 쳤다.

그리고 잘 놀다가 동생이 울어서 어머니께서 업어야겠다고 해서 업었다. 그리고 좀 놀다가 집으로 돌아왔다. (6시 30분→7시)

1996년 9월 23일 월요일. 맑음.
꾸중 듣기

김정승

선생님께서 숙제 검사를 했다. 수익 숙제 검사를 하셨다. 숙제 안 했는 사람은 앞으로 나오라고 하셨다. 남자도 나가그 여자도 나갔다. 앞에서 숙제를 왜 안 했는가 말했다. 아이들에게 말을 했다. 어떤 아이는 통과되고 어떤 아이는 안 되었다. 아이들이 안 된다고 하면 앞에 서 있어야 된다. 나도 아이들이 안 된다고 해서 맞아야 된다.

선생님이 여자들은 살살 때리시고 남자 아이들은 세게 때리셨다. 그거는 잘못이다. 선생님이 비겁하셨다.

현아 일기를 보면, 어머니가 뜯어온 풀을 동생이 가지고 놀다가 어디에 놓았는지 잊어 버린 모양이다. 그래서 어머니가 찾다가 없으니 그만 화가 나서 숙제 안 했다고 언니인 현아를 때렸다. 현아는 다리에 자국이 나도록 맞으면서 숙제 때문이 아니라 동생이 잃어버린 풀 때문이라는 것을 다 안다. 현아 말대로 어머니가 미리 알아보았더라면 그렇게 맞을 일이 아니었다. 그러니 얼마나 억울했겠는가?

유리나도 마찬가지다. 동생과 또 다른 아이 이렇게 둘을 보느라고 제 딴에는 애를 먹었다. 그런데 동생을 못 봤다고 야단만 맞았다. 정승이가 숙제 안 해서 맞은 것도 마찬가지다. 숙제 안 한 까닭을 제대로 설명하지 못한 것도 화가 나는데 여자 아이는 더 살살 때리는 것으로 비쳤으니 더욱 화가 났다.

억울하고 화가 났지만 이렇게 일기를 쓰고 나서는 속이 어느 정도 풀렸으리라. 어머니와 교사에게 맺힌 이런 마음을 일기에라도 쓸 수가 없다면 어디에 가서 푼다는 말인가? 아무리 작은 것이라도 억울한 마음을 가슴에 맺히게 하고 쌓이게 해서는 좋을 게 하나도 없다.

다음 일기 몇 편을 더 살펴보자.

1996년 11월 20일 수요일. 아침에는 굉장히 추웠으나 낮에는 조금 춥다.
지선이와 지선이 짝꿍

김민정

셋째 시간에 낙엽을 주우로 운동장에 갔다. 1학년에서 6학년까지 다 나와서 낙엽을 주웠다. 나 지선이 성진아하고 같이 다녔다. 걸어가다 지선이 짝꿍을 봤다.

지선이가 지선이 짝꿍을 보자 손을 잡다가 손을 놓았다. 지선이 짝꿍을 보자 지선이는 도망을 갔다. 나와 성진아는 지선이 짝꿍과 지선이를 말리려고 뛰어갔다.

"지선아 축구 꼴대 네 바퀴쯤 돌아가 봐라. 그러면 니 짝꿍이 어지러워서 못 따라올 꺼 아이가 맞재?"

내가 말하였다. 그러나 지선이는 내 말했는 것처럼 하지 않았다.

'어 내 말을 못 들었나?'

내가 생각을 했다. 지선이와 지선이 짝꿍이 해해해 카면서 쌕쌕 그랬다. 뒤에서 진아가 발로 펑 찼다. 지선이 짝꿍이 진아를 계속 따라댕겼다. 지선이가 따라와 보라고 했다. 그리고 진아는 지선이 짝꿍을 데리고 어디론가 사라졌다. 나도 이름을 잘 모르지만 네모난 계단 있는 데 숨었다. 나는 머리만 내밀었다. 성진아가 그네 있는 데서 나왔다. 나와 지선이는 성진아를 향해 달려가서 물어 보았다.

"지선이 짝꿍은 어떻게 됐는데?"

"몰라도 된다."

궁금했지만 조금 있다가 낙엽을 주웠다. (8시 20분→9시 40분)

1996년 11월 16일 토요일. 아침에는 추웠으나 낮에는 더 웠다.

파리 살펴보기

성진아

나는 저녁에 파리를 살펴볼라고 했다. 큰방 방바닥데 파리가 있었다.

나는 살금살금 다가갔다.

'파리는 앞발과 뒷발을 비비는구나. 꼭 나한테 살려 돌라고 하는 것 같다.'

'살려 줄게 살려 줄게 걱정하지 마.'

그런데 공부하고 있으니 오빠가 파리를 죽었다.

"왜 죽여."

"심심하니까."

캤다.

파리를 찾으니 없어서 그만 했다. (7시→7시 31분)

1996년 9월 25일 수요일. 맑고 굉장히 더웠다.

사진

이현아

오늘 저녁에 내가 어렸을 때 찍었는 사진을 보았다. 그냥 심심해서 보았다.

내가 내 모습하고 어렸을 때 사진을 보니까 얼굴만 닮았는 것 같았다. 나이는 잘 몰라도 내가 보기엔 세 살 같았다. 그리고 손에는 반지를 다섯 개나 꼈다.

애라는 통통한 게 눈썹만 닮았다. 애라는 내보다 빅 배 귀여웠다. (7시 35분→7시 55분)

특별한 이야기가 아니다. 놀았던 이야기, 파리를 본 이야기, 그냥 심심해서 사진첩을 꺼내 본 이야기 따위다. 별일은커녕 날마다 겪는 이야기다. 그런데 이 일기들이 어떤가. 재미도 없고 가치도 없는가?

일기장을 펼쳐 놓고 무엇을 쓸지 몰라 애를 먹을 때 언제라도 위에 든 잣대 세 개에 대 보도록 한다면 아이들은 거침없이 자기 삶을 드러내 보일 것이다.

일깃감 세 개 골라 견주어 보기

세 가지 잣대에 대 보고 일깃감을 고르면 특별한 일이 아니면서도 밋밋한 글감을 골라 쓰지는 않는다. 좋은 일깃감을 고르는 방법이 또 하나 있다. 글감 한 개를 골라서 써내려 가는 것이 아니라 세 개를 골라서 그 가운데 하나를 정해 쓰게 하는 것이다. 아무리 잣대에 대 보고 일깃감을 고르라고 해도 얼렁뚱땅 아무거나 골라서 써 버리는 아이들이 있는데, 이를 막기 위한 장치인 셈이다.

그 차례는 이와 같다.

먼저 일기장을 펼쳐 두고 쓰고 싶은 것을 고른다. 이거다 싶은 것이 있으면 오늘 쓸 일기장 제목 쓰는 곳에 써 둔다. 그 다음 두 가지를 더 골라 차례대로 쓴다. 세 가지를 다 골랐으면 찬찬히 그 일을 떠올리며 견주어 본다. 그 가운데 가장 쓰고 싶은 것을 골라 괄호로 표시를 하고 써내려 간다. 나머지 두 가지 일깃감은 지우지 말고 그대로 놔 두도록 한다.

일깃감 세 개 가운데서 하나를 고르다 보면 서로 대 보면서 고민을 하게 된다. 어느 것을 고르고 어느 것을 버릴지 고민하는 과정 그 자체가 바로 일기 쓰기에 크게 도움을 준다.

1996년 11월 27일 수요일. 아침에는 굉장히 추웠으나 낮에는 따뜻하다.
기다리기가 싫다. 기차 만들기, 아버지 회사일

기차 만들기

김민정

학교에서 아침에 막 바로 크로키를 다 하고 기차 만들기를 했다.
준비물은 과자 상자 2개, 병 뚜껑 8개, 색종이 3장, 가위 1개, 테이
프 1개, 본드 1개가 있으면 된다.

나는 병 뚜껑을 배기환이테 8개를 빌렸다.

과자 상자는 먼저 색종이로 과자 상자를 풀로 붙여서 감쌌다. 색
종이로 창문을 접었다. 색종이를 반을 접고 색종이를 다시 펴고 색
종이를 다시 접고 색종이를 다시 접으면 된다.

창문을 6개를 만들어서 기차에다가 붙였다. 사람도 접었다. 사람
도 반으로 접고 다시 펴고 다시 접고 다시 펴서 가위로 오려서 또 접
고 또 펴고 또 접고 또 펴서 아주 조그만 네모를 6개 만들면 된다.

남자 만들 때는 윗부분은 조금 접고 뒤돌려서 삐즉한 부분만 접으
면 끝이다. 여자 만들 때는 윗부분 조금 접고 오른쪽으로 조금 접는
다. 그리고 삐죽한 부분은 뒤로 돌려서 삐죽한 부분은 접어야 된다.

사람 만들었는 것은 창문에 붙이면 된다. 바퀴는 병 뚜껑으로 하
면 된다. 바퀴는 본드로 붙이고 바퀴가 조금만 남아 있으면 된다.
그르면 만들기는 끝이다. (7시→8시 49분)

민정이는 일기장을 펼쳐 놓고 '기다리기가 싫다'를 먼저 골랐다. 이
어서 '기차 만들기' '아버지 회사일'을 차례로 골랐다. 그런데 찬찬히
떠올리면서 서로 견주어 보니 처음에 쓰기로 마음을 먹었던 '기다리

기가 싫다' 보다 '기차 만들기'가 더 낫다고 판단하고 써 내려갔다.

1996년 12월 10일 화요일. 굉장히 춥다.
서리 관찰. 방학 과제. 국어 시간

서리 관찰

손희영

오늘 선생님과 뒷산에 갔다. 거기에서 서리를 봤다.

풀 위에 서리가 하얗게 붙어 있었다. 그걸 자세히 보니 소풍 가는 아이처럼 보였다. 줄을 쫙 서서 가는 것이다.

그리고 동그란 것을 보니 애벌레가 기어가는 것 같았다.

민정이와 나와 얼음이 있는 곳으로 가 봤다. 그러니 내가 얼음을 들고 싶어서 들을라고 하니 민정이가 먼저 들었다. 나도 들었다. 내가 민정이보고 이렇게 말했다. "민정아 얼음이 구두 같애." 하고 말했다. 자꾸 보니 구두 안 같았다. (10시 30분→11시 5분)

희영이는 '서리 관찰' '국어 시간' '방학 과제' 이렇게 세 개를 먼저 골랐다. 그 가운데 '서리 관찰'이 가장 마음에 들었다. '국어 시간' '방학 과제'가 어떤 내용인지 모르겠지만 겪은 일을 찬찬히 떠올려 봤으리라. 서로 견주어 보면서 어느 것을 고를까 하고 망설이기도 했겠지.

이렇게 야단스럽게 쓸 거리 세 개를 적지 않고 한 개만 정해도 하루 일을 떠올려 볼 수 있지 않겠느냐고 할 사람도 있겠다. 그러나 그렇게 머릿속에서 떠올려 보는 것과 이렇게 세 가지 정도를 적으면서 하는 것은 생각하는 깊이와 정도가 다르다. 골랐다가 버린 나머지 쓸 거리도 쓸 수 있겠지만 그건 무리다. 그렇게 해도 좋다고 해 보았지만 세 가지 이야기를 쓰는 아이는 없었다.

거짓으로 쓴 일기

아래 글 세 편은 꽤 오래 전에 6학년 아이들이 쓴 글이다. 거짓으로 일기를 써 본 경험을 글로 쓰게 했더니 쏟아 낸 글들이다. 일깃감을 특별한 일에서 고르라는 강요가 일기 쓰기는 물론이고 교육에 어떤 피해를 주는가를 이 글들은 뚜렷이 보여 주고 있다.

경북 수식 초등학교 6학년 김상연

작년 일이다. 일기 검사가 내일이라서 밀린 일기를 거짓으로 애를 먹고 썼다. 오늘 일기만 남았다. 하루가 남았으니 으늘만은 진짜를 써야지 했는데 쓸 게 없었다. 그래서 어머니 일을 욜심히 돕고 마당도 쓸어서 칭찬을 받았다고 썼다. 그렇게 써 놓고 나니 찜찜했다. 그래서 일기를 쓴 대로 해 봤다. 무슨 심부름을 했는지 잘 생각이 안 떠오르는데 게으름을 피우지 않고 열심히 했다. 그런데 문제는 어머니가 칭찬을 안 해 주었다. 그 때의 일을 생각하니 참으로 한심하고 어리석었다.

경북 수식 초등학고 6학년 이재호

내가 1983년 3월 22일에 쓴 일기는 거짓은 아니다. 실제로 있었던 일은 틀림이 없다. 3월 22일 저녁에 일기를 쓰려니까 쓸 것이 없었다. 그래서 오래 전에 있었던 일을 썼다. 그러니까 일기 내용은 거짓이 아니지만 오래 전에 있었던 일을 그 날 있었던 일로 만들어 버린 것이다. 날짜가 바뀐 일기이다.

경북 수식 초등학교 6학년 이상규

　3학년 때인 것 같다. 변소에서 똥을 누는데 잘못하여 바지 주머니에서 동전이 땡그랑 하고 떨어졌다. 다행히 변소에 빠지지는 않았다. 하마터면 빠져 버릴 뻔했다. 가슴이 철렁하고 잠시 오싹했다. 그런데 그게 일깃감이 되겠다 싶어서 일기를 쓰는데 써 놓고 나니 재미가 하나도 없었다. 그래서 동전이 변소에 빠져 버렸다고 썼다. 재미있게 쓰려고 그랬다. 그렇게 써 놓고 보니 훨씬 재미가 있었다.

　이런 거짓 일기 쓰기 경험이 이 아이들에게만 있었던 일일까? 그렇다면 얼마나 다행일까마는 내가 알기로는 아니다. 거짓 일기를 써 본 경험을 조사해 볼 때마다 "아니오, 그런 일이 없었어요." 하는 아이를 만나기는 어려웠다. 설령 있다고 해도 그 아이는 기억이 안 나서 그럴 것이다.

　아이든 어른이든 일깃감을 잘 골라 쓸 줄 모르면 일기 쓰기는 그야말로 애물단지요, 당장 벗어 던지고 싶은 무거운 짐이다. 그러니 특별한 일을 쓰라고 강요할 것이 아니라 글감 고르는 공부부터 자세히, 그리고 제대로 가르쳐야 한다.

3. 본문 쓰기

날씨를 자세히 쓰고 일깃감을 골랐으면 이제는 본군을 쓸 차례다. 일기는 길게 쓰는 것이 아니라 자세히 써야 한다고 1장에서 밝혔다. 그래서 여기서는 자세히 쓰기를 중심에 놓고 살펴보기로 하자.

그리고 또 한 가지 놓쳐서는 안 되는 것이 우리말 바로 쓰기다. 말할 필요 없이 아이든 어른이든 우리말을 바로 살려 쓰지 못하고 있는 게 현실이다. 초등학교 저학년 일기글에도 자기들도 이해하지 못할 성싶은 어려운 한자말이 마구 튀어나온다. 뿐만 아니라 '키' '박스' '오! 마이 갓' 따위 서양말도 뒤섞여 나온다. 초등학교에서 영어를 배우면서부터 부쩍 늘어나고 있다. 이 말살이 글살이 지도는 일기 쓰기를 위해서만 할 것이 아니라 쉼없이 이루어져야 한다.

다시 겪어 보고 자세히 쓰기

일기는 겨우 몇 시간 전에 일어난 일을 다시 살려 쓰는 글인데 마치 까마득히 먼 옛날 이야기라서 잊어 버리기라도 한 듯이 건성건성 쓰는 수가 많다. 물론 그렇게 써도 될 때가 있다. 하지만 자세히 쓸 수 있는 이야기를 대충 쓰는 것은 진짜로 잊어 버려 머리에 남아 있지 않아서라기보다는 기억해 내려고 애를 쓰지 않아서 그렇다.

시장에 간 이야기를 쓰는데 찬찬히 그 일을 떠올리지 않으면,

어머니를 따라 시장에 갔다. 내 운동화를 사고 떡볶이를 사 먹었다. 참 맛있었다.

이런 정도만 얼른 떠오른다. 이것은 메모지 겪은 일을 쓴 일기글이라고 할 수는 없다. 자주 따라간 시장이기에 새롭지 않아서 많은 것을 생략할 수도 있다. 그렇지만 운동화를 살 때 어머니와 내가, 어머니와 가게 주인이 주고받은 말도 있었을 것이다. 그런 상황은 분명 머릿속에 남아 있다. 떡볶이를 사 먹은 일도 마찬가지다. 그런데 그걸 떠올려 쓰려는 마음이 없으면 이렇게 쓸 수밖에 없다.

일기를 쓸 때 다시 한 번 떠올려 쓰느냐 그렇지 않느냐 하는 것은 버릇이다. 떠올려 보지 않는 버릇이 굳어져 버리면 그만 떠올리기가 귀찮아진다. 버릇이란 아주 무서운 것이어서 이런 일이 몇 번 되풀이되면 나중에는 작은 일은 아예 떠올릴 수도 없게 되어 버린다. 그렇게 되면 찬찬히 떠올려 끄집어 내지 않아도 되는 특별한 일은 그런 대로 쓰지만, 그런 일이 없을 때는 대체로 글감도 못 찾고 써도 밋밋하게 쓰게 된다.

지나간 일을 조용히 떠올려 다시 한 번 겪어 보는 일이 이래서 중요하다. 시장에 간 이야기를 쓰기로 했으면 일기장을 앞에 두고 눈을 감고 시장에 다시 간다. 동무와 싸운 이야기를 쓰려고 했으면 그 동무와 다시 싸워 보아야 한다. 주먹을 쥐고 때리는 시늉도 하고 욕도 해 보고 해야 한다. 그 때 분위기나 동무 얼굴 표정까지 하나하나 떠올려 본다. 타임머신을 타고 그 때 그 곳으로 되돌아가야지 대충 생각해서는 '어머니를 따라 시장에 갔다. 운동화를 샀다. 떡볶이를 사 먹었다.' 밖에 떠오르지 않는다.

겪어 보기를 한 뒤에 일기를 쓰다가도 잘 떠오르지 않으면, 짧게짧게 겪어 보기를 다시 하고 쓰면 더욱 생생한 일기를 쓸 수가 있다. 겪어 보기는 완전히 버릇이 되도록 해야 한다. 처음에는 시간도 많이 걸리고 해서 귀찮아하지만 몇 번만 겪어 보기를 해 보면 이 방법과 친해진다. 재미있는 일이나 즐거웠던 일은 한 번 더 즐거움을 맛보게 되니까 더욱 그렇다.

1996년 10월 23일 수요일. 맑음.
블랙옥스

정창인

학교를 마치고 학원에 갔다. 학원에서 공부를 했다. 첫 번째 공부는 선생님이 백칠판에 써 놓은 글을 썼다. 계속 쓰다 보니 쓰는 것은 다 했고 책 하기다. 쉽게 말하자면 책에 있는 것을 컴퓨터에 키보드로 쓰라는 말이다. 계속하다 보니 다 했다. 갑자기 상곤이가 왔다. 그런데 상곤이가 뭘 들고 있는 것 같았다.

"상곤아, 뭘 들고 있는데?"

"응, 장난감."

"그 로봇 이름이 뭔데."

"블랙옥스야, 철인 이십팔오에 나오는 거 있잖아."

"아 그거 안다. 왜?"

"알면 됐지 왜 나에게 물으냐?"

"물으면 어때서 그래. 좀 만지자."

"그래. 근데 뿌사지 마."

"알았어. 어 비행기도 돼 있네."

"그래."

"그냥 만질게. 블랙옥스 슈퍼체인지."

나는 머리를 펴고 손을 내밀고 변신을 했다. 나는 벌써 재트하이더를 쓰려고 한다.

"블랙옥스 재트하이더 준비…… 발사……."

"쏴······."

"펑."

가짜로 쏴 하고 펑을 그냥 했다.

"으악 에너지가 없다. 도망치자."

"블랙옥스 슈퍼체인지······."

비행기로 변신을 하고 다른 데로 갔다. 거기서 좀 있다가 다시 아까 전쯤에 다시 와서 에너지를 넣고 왔다. 이번에는 재트하이더가 아니고 번개파다.

"이얍! 번개파 발사."

"씨······."

"드컹 껑."

"푸하하하 이겼다. 돌아가자 블랙옥스 슈퍼 체인지."

"휘······익." (7시→8시 10분)

그 시간으로 확실히 돌아가서 일기를 썼다. '나는 벌써 재트하이더를 쓰려고 한다.'고 현재형으로 쓰고 있는 것을 보면 다시 그 때로 되돌아간 것을 알 수가 있다. 놀이를 하는 시늉도 해 보고 입으로 중얼거리며 쓴 글이 틀림없다.

1996년 12월 4일 수요일. 계속 비가 왔다.

오뚝이

이지선

오늘 아침에 내가 교실에 일등 들어와서 책을 챙기고 있는데 선생님이 말했다.

"우리 먼저 하지 뭐."

나는 오뚝이를 우리 먼저 만들자고 하는 걸로 알았다. 그래서 기분이 좋았다.

나는 가만히 있었다. 아이들이 왔다. 선생님이 또 말했다.

"우리 먼저 하자. 오뚝이 만들기 시작하세요."

나는 경훈이한테 돈을 빌렸다. 풍선에 동전을 넣어야 오뚝이가 되기 때문이다. 나는 풍선에 동전을 억지로 넣고 경훈이가 묶어 줬다.

선생님이 말했다.

"경훈이매치로 하세요."

이제 또 내 껄 가지고 갔다. 선생님이 이렇게 말했다.

"이렇게 하라 했지?"

하고 다른 아이들 것도 묶어 줬다.

또 선생님이 말했다. 색종이를 풍선에 붙이라고 했다. 나는 그래서 색종이를 붙였다. 붙이고 있는데 풍선이 조금씩 줄어들었다. 가위로 실을 짤랐다. 그래서 동전을 빼고 다시 풍선에 동전을 넣고 붙었다. 봉지를 묶었다. 색종이를 풍선에 붙였다. 다 하고 나니 오뚝이가 못 생겼다. 그래도 선생님이 헌 우산을 가꾸로 힜는데 달아 주었다. 빙빙 돌아가는 우산에 오뚝이가 많이 달려 있어서 보기가 좋았다.

선생님이 다 달고 높은 데서 아이고 어지러버라 하고 말을 하면서 달아 놓고 쿵 뛰어내려왔다. (3시 5분→4시 57분)

지선이 일기를 읽으면 마치 그 일이 지금 내 눈앞에서 일어나고 있는 듯하다. 무려 1시간 52분 동안 썼다. 이 시간 대부분은 겪어 보기를 하느라 보낸 시간일 게다. 지선이는 오뚝이 만드는 재미를 다시 한번 한껏 누렸음이 틀림없다. 겪어 보기를 할 때 선생님이 쿵 하고 뛰어내리는 순간에는 어쩌면 다시 깜짝 놀랐을지도 모르겠다.

1996년 8월 5일 월요일. 맑고 조금 더웠다.
기도원

이현아

어제 아침에 학원에 갔다 온 뒤 기도원에 갔다. 집사님들하고 내, 애라, 엄마, 언니야들하고 갔다. 갈 때 멀고 덥고 힘들었다. 많이 갈 때 하드를 먹었다.

이제 도착했다. 조금 가서 어린이들하고 언니야들하고 오빠야하고만 내렸다. 기도원 앞에서 조금 놀다가 교회 차가 동산으로 올라가서 우리도 따라 올라갔다. 올라올 때 다리가 너무 아팠다.

이제 다 왔다. 그래서 저녁을 먹었다. 맛있었다 이제 잤다. 텐트 속에서 즐겁게 잤다.

일기를 하루 미루어 썼다. 그래서 처음 나오는 글도 '어제 아침'이다. 첫날은 텐트 치고 하느라고 일기를 못 써서 다음 날 쓴 모양이다. 이런 날은 일기를 못 쓰는 것이 당연하다. 그 뒷날 역시 텐트 속에서 이 일기를 쓴 모양이다. 이럴 때는 일기를 못 쓰거나 써도 대강 쓴다. 현아도 대강 썼다. 그렇지만 이런 속에서도 현아는 겪어 보기를 하고 썼다. 하루 뒤에 쓴 일기인데도 마침 지금 그 일이 일어나고 있는 것처럼 쓰고 있다. '이제 도착했다.' '이제 다 왔다.' '올라올 때'로 쓰고 있는 것을 보면 다시 그 때로 돌아가서 쓰고 있다는 것을 확실히 알 수 있다.

궁금한 것 묻고 답하기

아이들끼리 궁금한 것 묻고 답하는 놀이

한 아이가 일어나서 '나는 어제 어머니에게 맞았습니다. 그래서 굉장히 화가 났습니다.' '나는 어제 맛있는 것을 많이 먹었습니다. 기분이 굉장히 좋았습니다.' 와 같은 말을 하면 앉아 있는 아이들이 손을 들어 그 아이에게 궁금한 것을 묻고 답하는 놀이다. 자세히 쓰기를 익히는 데 굉장히 효과가 있는 놀이다.

　아이 : 나는 어제 어머니에게 맞았습니다. 그래서 굉장히 화가 났습니다.
　질문 : 왜 맞았나요?
　아이 : 집에 너무 늦게 왔다고 맞았습니다.
　질문 : 몇 시에 들어갔는데요?
　아이 : 캄캄할 때 들어갔어요. 7시는 넘었을 거예요.
　질문 : 무엇으로 맞았나요?
　아이 : 손바닥으로도 맞고 책으로도 맞았어요.
　질문 : 어디를 맞았나요?
　아이 : 등허리도 맞고 어깨도 맞았어요.
　질문 : 울었나요?
　아이 : 조금 울었어요.

질문은 끝이 없이 이어진다. 대답은 또 다른 질문을 낳는다. 묻고 답을 하면서 아이들은 계속 깔깔거린다. 이것은 스무고개 같아서 아이들이 굉장히 좋아한다. 그런데 잊지 말아야 할 일은 반드시 아이가 어제 한 일을 두고 이야기해야지 겪지도 않은 일을 만들어 해서는 안 된다. 놀이가 끝나면 말이든 글이든 남을 궁금하게 하지 말고 자세하게 해야 한다는 것을 일기 쓰기에 빗대어 일깨워 주어야 한다.

지도하는 사람이 아이들을 궁금하게 하는 놀이

공부 시작하기 앞서 아주 재미있는 이야기를 시작하는 듯하다가 서둘러 끝을 맺어 버리면 아이들은 궁금해서 못 견딘다. 예를 들면,

"어제 집에 가는데 굉장히 우스운 일이 있었어. 얼마나 우스운지 배꼽이 빠지는 줄 알았단다."

여기까지 이야기를 하면 아이들은 눈이 말똥말똥해진다. 그리고는 모두들 자세를 바로 하고 교사를 빤히 쳐다본다. 다음에 이어질 우스운 이야기를 듣기 위해서다. 이럴 때 이야기를 거기에서 끝내고 딴전을 피우거나 다른 이야기로 넘어가 버린다. 그러면 바로 반응이 온다. 눈을 둥그렇게 해서는 왜 이야기를 하다 마느냐고 난리가 난다. 그러면 도리어 눈을 둥그렇게 뜨고 할 말 다 했는데 왜 야단이냐고 시치미를 떼면 아이들은 더 안달이 난다. 아주 적절한 분위기가 만들어졌다.

"그렇지. 내가 아무리 우스워 죽을 뻔했다고 해도 너희들은 도무지 우습지 않지?"

이런 얘기를 꺼내면서, 말이나 글은 다른 사람이 누구나 알 수 있게 자세히 나타내야 한다고 일러 준다. 귀에 쏙쏙 들어오는 얘기가 될 수밖에 없다. 아무리 1학년이라도 고개를 끄덕이게 된다. 그러고는 앞에서 하다 만 이야기 가운데 궁금한 게 있으면 물어 보라고 하면 서로 앞다투어 묻는다. 이 때 대답을 아주 간단하게 해 버리는 게 중요하다.

아이 : 왜 우스웠는데요?

대답 : 개 때문에.

아이 : 개가 왜요?

대답 : 개가 짖는 게 우습더라.

질문 : 누구 개인데요?

대답 : 글쎄 누구 개인지는 나도 몰라.

이쯤 되면 그냥 이야기를 죽 해 달라고 마구 합창을 한다. 재미가 하나도 없으니까 그렇다. 이야기가 수수께끼도 아니고 스무고개도 아닌데 재미가 있을 리 없다.

"봐라. 이야기는 남을 궁금하게 해서는 질문에 답을 한다고 해도 재미가 없게 마련이다. 그러니 이야기든 글이든 처음부터 자세하게 해서 남을 궁금하게 하지 말아야 재미가 있지, 남을 어리둥절하게 하면 하나도 재미가 없단다."

이 공부는 이렇게 끝을 내면 된다.

자세하게 쓰지 못한 일기 끝에 질문을 써서 답하게 한다

일기를 읽고 도움말을 쓸 때 아이가 미처 쓰지 않은 궁금한 대목을 물어서 답하게 한다. 예를 들면 '누나와 왜 싸웠는데?' '어머니가 어떤 우스운 이야기를 하던?' 하고 물어서 아이가 그 질문에 답하게 한다. 답을 하라고 하지 않아도 이렇게 써 놓으면 아이들은 반드시 그 밑에 '장난감 때문에 싸웠어요.' '도둑놈 이야기가 우스웠어요.' 라고 써 놓는다. 이 답이 자세하지 못해서 더 묻고 싶어도 도움말로 하는 질문은 여기에서 끝낼 수밖에 없다. 왜냐하면 다시 질문하는 글을 써 놓는다고 해도 이미 일기는 몇 장 넘어가 버렸기 때문에 보지 않는다. 또 본다고 해도 아이는 이미 재미가 없고 해서 답을 쓰지 않는다. 더 자세히 알고 싶으면 따로 시간을 내서 아이와 단 둘이 말로 주고받는 것이 좋다.

돋보기 가지고 다니며 쓰기

일기를 쓰다 보면 생활 둘레에서 일어나는 일들을 지나치지 않고 자세히 살펴보는 버릇이 자기도 모르게 몸에 배게 된다. 일어나는 일뿐만 아니라 눈에 보이는 모든 사물을 관심 있게 살펴본다. 길가 작은 풀이나 하찮게 느껴지는 벌레까지도 관심 있게 보면 거기에 또 다른 새로운 세계가 있음을 찾아 낼 수 있다.

사람이 이 세상을 어떤 생각과 모습으로 살아가는가 하는 것은 모두 그 사람 버릇에서 비롯된다고 볼 수 있다. 버릇이란 자기 생각이나 모습을 되풀이하면서 굳어지고, 그 버릇이 또한 생각이나 생활을 이끌어 간다. 교육도 따지고 보면 올바른 버릇을 갖게 해 주려고 하는 가르침일 터이다.

무엇이든 예사로 지나치지 않고 자세히 살펴보는 버릇을 들이기 위해서 늘 돋보기를 갖고 다니게 하면 어떨까? 공부를 마치고 집으로 가는 길에 고물고물 기어가는 벌레 한 마리를 자세히 살펴봐야겠다는 마음이 들어서 가방을 열어 돋보기를 꺼낸다. 쪼그리고 앉아 눈을 동그랗게 뜨고 정신없이 돋보기를 이리저리 들이대는 아이를 상상해 보라. 그리고 집에 오자마자 일기장을 펼쳐 놓고 그 이야기를 쓴다. 대충 한두 글자 끼적거리다가 말겠는가? 일기를 쓰기 위해서가 아니더라도 이렇듯 무엇을 자세히 살펴보는 버릇을 길러 준다는 것은 훌륭한 교육이라고 본다.

1996년 12월 10일 화요일. 해가 떴는데도 추웠다.

서리 관찰

김민정

아침에는 추웠다. 1학년 2반은 모두 나갔다. 왜 나갔냐면 서리를 관찰하려고 나갔다. 산에 가다가 내 동생 민지를 만났다. 나는 민지를 보고 손을 흔들어 주면서 "민지야." 하고 내가 말했다. "언니야." 민지가 나를 불렀다.

태근이와 손을 잡고 산으로 올라갔다. 조금 올라갔을 때 밭이 보였다. 밭에 들어가 보니 서리가 있었다.

"얘들아 여기 서리 많으니깐 관찰해 보자."

선생님께서 말씀하셨다. 나와 전유리나하고 서리를 같이 살펴보았다. 서리는 꼭 애벌레 같고, 어떤 긴 과자에다가 설탕을 뿌려 놓은 것 같았고 작은 막대기에다가 소금을 뿌렸는 것 같았다.

그늘 있는 데 나와 유리나가 갔다. 그늘 있는 데는 얼음이 얼어 있었다. 얼음을 깨어서 나와 유리나가 만져 보았다. 얼음이 차가워서 많이 들 수 없었다. 얼음이 꼭 구두 같았다. 유리나가 들고 있는 얼음은 꼭 버스 같았다. 얼음은 너무너무 차가웠다. 나는 손이 시려웠다.

한참 관찰하다가 학교로 돌아갔다. 근데 학교로 돌아오는 때 현아와 희영이 보련이가 안 보였다. 반장하고 내가 달려가 찾아가 보려고 하는데 현아와 희영이 보련이가 왔다. 찾아서 학교로 돌아왔다.

학교로 돌아올 때도 지선이와 내가 서리를 다시 관찰하였다. 너무너무 재미있었다. 재미있어서 내일 또 가고 싶었으면 좋겠다. 정말이다. (10시 30분→11시 30분)

서리를 '애벌레' '설탕을 뿌린 긴 과자' '소금 뿌린 막대기' '구두' '버스' 이렇게 견주어 본 글은 이 글말고 어디에도 있을 것 같지 않다. 너무너무 재미있었으니 내일 또 가고 싶은 것은 너무나 당연한 일이다.

1996년 9월 24일 화요일. 흐림.
개미 관찰

김정승

나는 학교를 마치고 집에 와서 돋보기를 갖고 개미를 찾으로 나갔다. 그래서 지현이 집 옆에서 개미를 찾았다. 개미를 찾아서 과자를 돌로 찍어서 개미 집 앞에 두었다. 돋보기로 보지 않고 그냥 보았다. 왜냐면 어떻게 물고 가는가를 보기 위해서다.

개미 한 마리가 가져갈라고 하는데 안 되었다. 개미가 힘드는 것 같았다. 집에 들어가서 개미 여러 마리가 나왔다. 처음에는 여러 마리가 아니었는데 끌고 가는데 자꾸 붙었다. 어떤 개미는 너무 힘이 들어서 그냥 돌아가는 개미도 있었다. 그런데 여러 마리가 끌고 들어갔다.

돋보기로 자세히 살펴보라고 한다고 무조건 돋보기를 갖다 대지는 않는다. 어느 한 곳만 자세히 보고 싶은 게 아니라, 과자 부스러기를 물고 가는 모습 전체를 보고자 할 때는 이처럼 맨눈으로 본다. 누가 시키지 않아도, 돋보기 사용법이라고 해서 특별히 가르치지 않아도 스스로 터득한다. 몸으로 하는 공부가 바로 이런 것이다.

1996년 11월 12일 금요일. 아침에는 비가 왔다. 낮에는 안 왔다.
돈 관찰

김동현

오늘 밤 십 원을 관찰하였다. 앞에는 1하고 9가 두 개 있고 제일 앞과 제일 뒤에 1이 두 개 있고 제일 복판에 9가 두 개 있고 그리고 10자와 한국은행이 써 있고 뒤에는 집이 있는데 키가 큰 집이고 십 띄우고 원이 써 있고 그리고는 아무것도 없었다. 백 원도 봤는데 거기에는 사람이 있었다. 옛날 사람이 머리에 멀 같은 거 쓰고 있다. 그리고 거기에도 한국은행이라고 써 있었다.

1996년 10월 23일 수요일. 맑고 더웠다.
거미와 거미줄

김보련

나는 학교에서 집에 와서 밑에서 울트라맨을 보고 2층에 올라갈려고 할 때 오줌이 마려워서 제사하는 바깥에서 쉬를 하고 나는 거미를 보았다. 거미줄은 보이지 않았다. 돋보기로 볼려고 이층으로 올라와서 돋보기를 찾으니 없었다. 아버지가 있어서 공부를 할려고 하는데 가방이 밑에 있어서 나는 가지로 갈려고 둔을 열었다. 계단을 내려와 볼려고 하니 돋보기로 몬 살펴봐서 눈을 크게 뜨고 거미줄을 봤다. 그래서 잘 보였다. 나는 속으로 가방을 가져와서 거미를 봐야 캤다. 가방을 메고 오니 거미가 아직 있었다. 가방을 메고 거미줄과 거미가 걸어가는 걸 구경했다. 거미줄은 책에 있는 것과 똑같다. 거미는 거미줄 있는 데를 살살 걸어갔다. 가다가 서 있다가 가다가 서 있다가 그랬다. 거미줄이 흔들흔들하니 어지러버서 서 있는 모양이다. 2층으로 가서 일기를 썼다. (4시 10분→5시)

일기 쓰기라는 숙제를 하기 위해 돋보기로 살피고 쓴 글도 있고 제 스스로 돋보기로 살핀 다음 쓴 일기도 있다. 돋보기 없이 맨눈으로 자세히 살펴서 쓴 일기도 있다. 가끔씩 돋보기로 살펴보고 쓰는 숙제를 낼 수도 있다. 이 때 주의할 일은 일기는 숙제여서는 안 되기 때문에 여기에 얽매이지 않고 다른 일기를 써도 괜찮다는 이야기를 반드시 해야 한다.

때와 장소 자세히 쓰기

많은 아이들이 일기글 첫머리를 '나는 오늘'로 시작한다. 내가 한 일이니까 '나는'이고 '오늘' 한 일이니까 '오늘'이다. 조금도 틀리지 않는 말이다. 그런데 왜 교사나 부모들이 '나는 오늘'이라는 말을 고치려고 애를 쓰는 것일까? 물론 일기는 자기 이야기를 쓰는 글이니까 '나는'이 필요 없는 말이다. 또 오늘 있었던 일을 적는 것이니까 '오늘' 또한 필요가 없다. 그렇지만 '나는'이나 '오늘'을 못 쓰게 하려고 지나치게 애를 쓸 필요가 없다.

'나는 오늘'이란 말은 가만히 두어도 자연스럽게 없어진다. 고학년이 되면 쓰라고 해도 쓰지 않는다. 쓸 필요가 없다는 사실을 스스로 알게 되기 때문이다. 그런데도 많은 어른들이 그게 마치 일기 쓰기 지도에서 아주 중요한 일인 양 못 쓰게 하는 데 열을 올린다. 어떤 사람은 일기 첫머리를 대화글로, 부르는 말로, 감탄하는 말 따위로 시작하게 해서 '나는 오늘'로 시작하는 못된 버릇을 고쳤다고 성공담을 말하기도 한다. 그것이 왜 필요하다는 말인가?

여기서 문제가 되는 것은 '나는'이 아니고 '오늘'이다. 때를 나타내는데 '오늘'이라고 뭉뚱그려서 나타내도록 해서는 안 된다. 그렇지만 그것도 억지로 못 쓰게 하거나 야단을 칠 것은 아니다. 때를 또렷하게 밝혀 쓰는 법을 가르쳐 주면 '오늘'은 차차 없어진다.

오늘 가운데서도 아침, 점심, 저녁, 밤 정도로 나누어 밝히든가, 하루 세 끼 끼니를 중심으로 앞뒤를 밝혀 쓰도록 하면 된다. 학교에서 있었던 이야기 같으면 몇째 시간 혹은 몇 시간 마치고 따위로 때를 밝혀 쓰면 된다.

때를 이렇게 밝혀 쓰도록 하면 막연하게 '오늘'이라고는 쓰지 않는다. 그렇지만 '오늘'을 써도 괜찮다. 버릇처럼 '나는 오늘'을 쓰고 난 뒤에라도 때를 정확히 밝혀 쓰기만 하면 된다. 억지로 고치려고 할 필요가 없다. 언젠가는 없어지고 말 테니까.

1996년 12월 3일 화요일. 아침에는 춥고 낮에는 더움.
옛날 이야기

박종위

오늘 나는 둘째 공부 시간에 우리 선생님이 옛날 이야기를 해 주었다. 그런데 옛날 이야기를 할 때 떠들어서 이야기를 하지 않은 대신에 우리 모둠이 앞에 나가서 옛날 이야기를 했다. 무슨 이야기를 했나 하면 토끼와 거북이를 했다. 내가 1번으로 말하고 현아가 2번이고 기영이가 3번이고 진아가 4번이다. 그래서 이야기를 차례대로 했다. 어떻게 했나 하면 내가 먼저 이야기를 하다가 내 마음대로 중간에 나도뿌면 2번인 현아가 달아서 이야기를 하고 현아가 또 나도뿌면 기영이가 하고 기영이가 나도뿌면 진아가 하그 했다. 그런데 진아가 제일 끝이기 때문에 끝까지 해야 하고 마칠 때까지 해야 한다.

우리 모둠이 다 하고 사자 모둠이 나와서 이야기를 했다. 사자 모둠은 웃기기는 했는데 우리 모둠보다 더 못했다고 싱각한다.

1996년 10월 25일 금요일. 맑고 굉장히 더웠다.

공기를 했던 일

이현아

나는 오늘 학교에 갔다 와서 보건소에 갔다 온 뒤에 마루에서 막바로 공기를 하였다. 공기를 어떻게 했냐면 가위바위보를 해서 이겼는 사람이 먼저 시작을 해서 하는데 시작을 했는 사람이 진다면 다음 사람이 한다.

나는 매일매일 공기를 하니까 잘 된다. 하지만 어떨 때는 실수를 할 수도 있다.

우리 동생하고 했는데 동생은 던져 가지고 옆으로 간다.

내가

"애라야, 니 공기 연습 많이 해라."

고 말하니 애라는

"언니야는 어떻게 해서 공기를 잘 하는데?"

"응 매일매일 연습을 하니까 이렇게 할 수 있는 거야. 사람은 연습을 자꾸 하면 할 수 있어."

"아. 그리고 애라도 할 수 있을 거야."

"언니야, 빨리 공기나 하자."

"그래 하자."

하였는데 그만 내 동생이 한 번 이기고 말았다. 나는 지고 애라 내 동생이 이겼다. 내가 꿈이다 하고 생각을 했는데 그거는 꿈이 아니라 지금이었다. 내가

"애라야 니가 이겼데."

애라는 좋아서 펄쩍펄쩍 뛰었다. (5시 10분→6시)

1996년 10월 23일 수요일.
그림 그리기

김민정

나는 학원에 다녀와서 저녁 먹기 전에 한나 옆집에 언니랑 내 동생하고 그림 그리기를 했다. 안방에서 했다. 한나 언니는 강아지 두 마리를 그렸고 동생 민지는 고양이를 그렸고 나는 축구하는 모습을 그렸다.

그런데 언니가 웃기게 했다. 뭘 어떻게 웃기냐면 내가 일부로 웃기게 배 아프다는 모습을 했다.

어떻게 했냐면 등다리를 땅에 대고 두 다리를 위로 올리고 손은 배에 대고 손으로 배를 치는 것이었다. 어우 배야! 어우 배야! 했다.

"배 아프면 볼록볼록캐가 임신했는 거야. 하하하."

"언니야, 그림 다 그렸으면 고만 설쳐. 니는 뭐 안 설쳤나?"

그림 그리는 준비물은 크레파스, 연필, 스케치북, 이것만 있으면 그림을 그릴 수 있다. 맨 처음에는 동생이 1등으로 끝났고 두 번째는 언니가 끝났고 마지막 세 번째는 내가 끝났다. 그림을 다 그린 후 유치원 놀이터에 갔다. (7시 5분→7시 40분)

'학교 갔다 와서' '저녁 먹기 전에' '둘째 시간에' 라고 때를 정확히 썼다. 그런데 '오늘'이 없어지지 않고 그냥 남아 있다. 민정이는 '오늘' 자리에 '학원 다녀와서 저녁 먹기 전'이라고 정확한 때를 밝혀 적었다.

때를 정확히 밝혀 쓰는 공부와 함께 할 것이 장소를 쓰는 일이다. 많은 아이들이 어디서 있었던 일인지를 잘 밝혀 쓰지 않는다.

96년 12월 28일 토요일. 아침에는 추웠으나 낮에는 더웠다.

땅따먹기

이현아

나는 오늘 유리 언니야하고 같이 땅따먹기를 하였다. 땅따먹기를 할 때는 돌멩이가 꼭 필요하다. 땅따먹기는 1부터 8까지 있다. 그리고 하늘도 있다.

땅따먹기를 할 때는 중심을 향하여 줄선을 밟으면 안 된다. 유리 언니야는 땅따먹기를 참 잘하는데 유리 언니야는 줄선을 밟았는데 안 밟았다고 한다.

'유리 언니야는 땅따먹기를 할 때 이기려고 그렇게 말을 했을까? 아니면 내가 잘못 봤을까? 그 둘 중에서 진짜 뭘까?'

밟아 놓고 거짓말을 하면 안 된다. 그러면 재미가 없다.

나는 땅따먹기를 잘 못 해서 불평이다. 그런데 유리 언니야가

"현아야, 너도 연습을 많이 하면 땅따먹기를 할 수 있을 거야."

"언니, 정말, 진짜 그럴까?"

"그래, 그렇다니까."

나는 땅따먹기를 할 때 지든 말든 재미가 있다.

(8시 55분 →9시 20분)

1996년 12월 9일 월요일. 아침에는 추웠고 낮에 오후에는 조금만 더웠다.

고구마

이현아

나는 오늘 저녁때쯤 안방에서 텔레비전을 보고 있는데 어머니께서 고구마를 삶아 주셨다. 나는 고구마를 먹기가 싫었는데 할 수 없

이 먹었다.

그런데 내가 고구마 껍질을 벗겨서 먹어 보니 고구마 안 속에 뿌리 같은 게 있었다. 나는 너무 궁금해서 어머니께 물어 보았다.

"어머니 고구마 안 속에 뿌리 같은 게 들어 있는 것이 뭐예요?"

"응 그건 빼라고 해."

그런데 나는 고구마 뼈를 먹으니까 잘 안 삼켜졌다. 어머니께서는

"얘 현아야, 꼭꼭 씹어 먹어라."

"네."

고구마를 먹으면 고구마한테 이빨 자국이 난다.

나는 고구마를 먹으면서 별명을 지었다. 그건 고등어, 고추, 구미, 구두, 마늘, 마차, 마마를 지었다. 내가 지은 별명은 참 잘 지었다고 생각을 했다.

고구마의 자식도 내가 지었다. 그거는 고자를 빼고 구마라고 지었다. (9시 10분→9시 40분)

두 편 다 같은 아이가 쓴 글이다. 때와 장소를 잘 밝혀 쓰는 아이도 이렇듯 장소를 빠뜨리고 쓰는 경우가 있다. 생각했던 이야기를 급하게 쓰려다 보니까 이렇게 빠뜨리고 썼다. 말도 급히 하려면 빠뜨리는 게 있는 것과 같다. 일기를 시작할 때는 버릇처럼 날씨를 자세히 쓰게 하듯이 때와 장소도 자세히 밝혀 쓰도록 해야 한다.

여기서 자세히라는 말은 '집에서' 라고 쓸 것이 아니라 '마당인지, 안방인지, 마루인지'를 밝히고, '골목에서'가 아니라 '우리 집 옆 골목인지, 슈퍼가 있는 골목인지'를 밝히고, '학교에서'가 아니라 '운동장 어디에서, 교실 어디에서' 있었던 일인지 또렷이 쓰라는 뜻이다.

이처럼 장소도 정확하게 밝혀 쓰도록 하는 게 좋다. 때, 장소, 날씨

따위를 자세히 쓰게 하는 것은 그 자체로도 중요하지만, 겪은 일을 자세하게 쓰게 하는 바탕이 되기도 한다.

주고받은 말 쓰기

무슨 글이든 주고받은 말이 많이 들어가면 생생하게 살아 있는 글이 된다. 서로 주고받은 말을 잘 살려 쓰면 그 때 심리, 태도, 모습 따위를 환하게 알 수 있다.

1학년 아이들은 주고받은 말을 즐겨 쓴다. 그런데 큰따옴표 안에 쓸 줄은 모른다. 그렇더라도 많이 쓰게 해야 한다. 큰따옴표 안에 넣어서 직접 화법으로 나타내는 방법은 차차 익히더라도 주고받은 말은 살려 쓰도록 권하는 게 좋다.

1996년 11월 16일.

화났던 일

나은애

오늘 정민이와 놀다가 자전거를 타다가 경훈이를 만났다. 경훈이는 정민이 자전거를 타고 정민이는 경훈이 자전거를 타고 있었다. 그런데 경훈이가 달리기할래? 캐서. 응. 그러면 우리 빨리 하자. 우리는 달리기를 자전거로 했다. 나는 그냥 내 발로 걸었다. 그런데 나는 안 시켜 주고 정민이하고 경훈이 친구만 시켜 주고 그랬다. 정민이랑 경훈이는 둘이 좋아하는가 봐. 나는 화가 났지만 겉으로는 안 화가 난 것처럼 했다. 재미가 없어서 조금만 놀았다.

(7시 20분→1시 45분)

은애는 주고받은 말을 따옴표 안에 정확히 쓰기도 한다. 그런데 여기서는 따옴표 안에 넣을 말을 그냥 써 버렸다. 따옴표 안에 쓰지는 않았지만 '달리기 할래?' '응.' '그러면 우리 빨리 하자.' 같이 주고받은 말을 썼다. 따옴표 쓰는 방법을 가르쳐 주어야 하지간 이래도 괜찮다.

1996년 12월 6일 금요일. 추웠다.
남자 친구 넷. 여자 친구 셋

김보련

나는 청소를 다 하고 희영이와 집으로 가다가 내가 이런 말을 했다.
"희영아 하고 불렀다."
"왜 보련아."
나 까자 사 줄래? 하니까
"내 백 원뿐 없다. 얼음판에서 놀고 가면 사 주지 하고 말했다."
"응 갈게 사 줘. 하고 말을 했다. 알겠다. 그 대신 안 갈래 하지 마래이."
"알았어."
"희영아. 사탕 사래이."
"그래. 하고 말했다."
희영이는 사탕을 샀다. 내려가면서 까서 먹었다.
"맛있나?"
"정말 맛있어 하고 말했다."
나는 얼음판에 가면서
"나 안 가."
"씨."

"나 안 가."

"씨."

그런데 갔다. 거기는 지선이, 성욱이, 병준이, 경철, 병화, 민화가 있었다.

"신사 여러분 가위바위보로 이기는 사람이 대장이 되고 훈련을 시켜야 됩니다."

이카면서 가위바위보를 하니까 병준이가 이겼다.

"야호 신난다. 병준이가 이라커 말했다."

"이십 번 해도 대장한테 까불면 백 번 훈련해야 된다!"

철봉에 갔다.

"철봉을 잡고 동글한 걸 발에 대인다!"

"네 알겠습니다."

"이제 땅에 긴다!"

여자들 나, 지선, 희영, 민화 같이 모여서

"야 엉터리 대장 바보라고 하자."

"그거 좋은 생각이다. 시작해요."

"엉터리 대장 바보!"

"우리는 이캐 소리를 빼빼 질렀다." (7시 20분→8시 20분)

따옴표를 아주 잘못 썼다. '하고 말했다.' 하는 말까지 따옴표 안에 묶었다. 그렇지만 주고받은 말맛은 그대로 느낄 수 있다.

아이들이 놀고 있는 모습이 눈에 보이는 듯하다. 이러면 된다. 보련이도 늘 이렇게 쓰지는 않는다. 어떨 때는 정확하게 따옴표 쓰기를 한다.

1996년 11월 23일 토요일. 맑고 추움.

기영이네 집

이은희

나는 학교를 다 마치고 기영이 집에 갔다. 기영이 집 홍시도 먹고 생걸로 라면을 뺏아 먹었다. 그리고 병원 놀이도 했다. 나는 오래오래 놀다가 어머니가 보고 싶어서 집에 전화를 걸었다.

"여보세요. 저 은희인데요."

"어 은희야. 너 어디 있는데?"

"기영이 집에 있어요."

"기영이 집이 어딘데?"

"강림요."

"은희야 세 시에 전화해라 엄마 데릴러 갈게."

"예 알았어요."

전화를 끊고 또 놀았다. 시계만 보면서 놀았다. 세 시에 전화를 해서 어머니가 진짜 와서 차를 타고 왔다.

1996년 11월 7일 수요일. 아침에는 추웠으나 낮에는 맑고 더웠다.

내가 내는 수수께끼

정창인

나는 어머니와 수수께끼를 했다.

"어머니, 내가 내는 수수께끼 세 번 맞춰 볼래?"

"그래."

"뾰족한 가시에 딱딱한 작은 옷에 그 안에 알이 들어 있는 것은 뭐게?"

"음……."

"알았다! 밤!"

"딩동댕, 그럼 다음 문제."

"이 세상에서 제일 큰 코는?"

"몰라."

"멕시코."

"그럼 다음 문제."

"넓은 들판에 작은 옹달샘이 있는 것은 뭔지 아나?"

"배."

"땡!"

"배꼽."

"딩동댕."

수수께끼를 하니깐 재미있었다.

1996년 10월 16일 수요일. 맑고 굉장히 더웠다.

읽기 책

이현아

나는 오늘 저녁에 일어서서 어머니한테 읽기 책을 읽어 주었다. 그런데 어머니가 자고 말았다.

내가

"엄마 엄마, 잡니까?"

하고 성질을 내며 물어 보았더니 그런데 어머니는 아무 대답도 안 하셨다. 그래서 내가

"괜히 엄마한테 읽어 주었네."

하고 작은 소리로 말했더니 엄마가

"현아야. 요강 좀 갖다 줄래?"

엄마가 작은 목소리로 말하였다.

"엄마 웬 요강?"

하고 물었더니 어머니가 또 작은 목소리로

"야, 현아야 엄마가 오줌이 누고 싶어서."

그래서 내가

"알았어요."

하고 큰 소리로 말하면서 요강을 갖다 주었는데 그단 깊이 잠들고 말았다. (7시 20분→8시 35분)

1학년도 이렇듯 주고받은 말을 정확하게 옮겨 적을 수 있다. 창인이가 쓴 '내가 낸 수수께끼'를 보면 처음 한 문장과 마지막 한 문장말고는 모두 두 사람이 주고받은 말을 그대로 옮겨 놓았다.

현아가 쓴 '읽기 책'은 따옴표 쓰기의 모범이라 할 만하다. 주고받은 말을 그대로 옮긴다고 해도 그 자리에서 듣는 것처럼 생생할 수는 없다. 이것이 말과 글이 다른 점이다. "엄마 엄마, 잡니까?" 이 글로만 봐서는 말하는 사람이 큰 소리로 말을 했는지 속삭이듯이 말했는지 알 수가 없다. 또 상냥하게 말했는지 짜증스럽게 말했는지 모른다. 그런데 현아는 '성질을 내며' '작은 목소리로' '큰 소리로'와 같이 말하는 사람의 감정이나 상황까지 알 수 있도록 썼다. 주고받은 말은 이렇게 써야 한다. 물론 이것도 억지로 강요해서는 안 된다. 그렇지만 지도는 꼭 필요하다.

그림 섞어서 쓰기

일기는 글자를 표현 수단으로 한다. 그래서 그림 일기를 쓰는 것은 조금 생각해 볼 필요가 있다고 앞에서 밝혔다. 여기서 말하는, 그림을 섞어서 일기를 쓴다는 말은 그림 일기와 다르다. 아이들 일기를 보면 가끔씩 그림을 글자 대신 사이사이에 끼워 넣기도 한다. 재미로 그렇게 하는 경우도 있지만 내용을 더욱 분명하게 설명하기 위해서 그림을 그려 넣는다.

1996년 10월 9일 수요일. 맑음.
칫솔 놀이

전유리나

학교에서 청소를 마치고 집으로 (집) 가는 길에 뒷산으로(山) 갔다. 누구하고 갔느냐 하면 성진아하고 내하고 현아하고 갔다. 그런데 나는 진아하고 선생님이 글때 가르쳐 준 칫솔 놀이를 (칫솔) 했다. 칫솔 놀이는 조심을 해야 한다. 왜냐면 억새 풀잎이 (풀) 손을 베게 하기 때문이다. 칫솔 놀이는(칫솔) 억새 풀잎을 고이 뜯어서 칫솔만치만(칫솔) 남기고 다 뜯어 내 버리면 이런 칫솔이 (칫솔) 된다. 그걸 두 사람이 걸어서 잡아댕겨서 (칫솔 잡아댕기는 그림) 이기면 된다. 그런데 내가 이겨서 너무 신났다. 이겼다고 갑자기 어깨에서 춤이 나왔다.

그리고 뒷산에서(山) 무슨무슨 놀이도 하며 재미있게 놀았다. 그리고 손에 가시가 찔렸다. (손가락)

나는 손에 또 가시에 찔렸는 줄 알고 가시를 살살 잘 꽂아 놓았다.

이 일기는 그냥 장난으로 그림을 그렸다. 그림이 전혀 도움이 되지 않는다. 그렇지만 필요 없는 일이라고 말릴 필요는 없다. 시간이 많고 심심하니 가끔씩 이렇게 하는 것이지 날마다 이렇게 필요 없는 그림을 그리는 게 아니다. 아래 일기처럼 그림이 꼭 필요해서 그리기도 한다.

1996년 10월 12일 토요일.

고무줄 새총

진제완

오늘 금포 문구사에서 고무줄 새총을 샀다. 고무줄 새총은 ( ) 모양으로 생겼다. 색은 노랗지만 아주 노란색은 아니다. 그리고 고무줄 새총으로 동생과 어머니한테 참새를 잡아 온다그 그러면서 참새를 잡으로 풀이 있는 곳에 고무줄 새총을 가지고 갔다. 고무줄 새총에 돌을 대어서 탁 하고 소리나면서 풀 있는 곳에 쏴 보았다. 그런데 참새가 안 날아 나왔다.

나는 참새를 나오게 하려고 했다. 나의 작전은 나오게 해서 날아가게 해서 맞추면 어디에 추락하면 새를 잡아서 참새구이를 해 먹고 싶어서 참새를 잡으려고 하는 것이다.

그런데 참새를 한 마리도 못 잡고 집으로 왔다. 그리고 참새를 못 잡아서 기분이 나쁘다. (5시 31분→6시)

1996년 9월 22일 일요일. 맑고 굉장히 더웠다.

재미있는 숙제

이현아

오늘 교회 갔다 온 뒤에 재미있는 숙제를 하였다. 재미있는 숙제가 뭐냐면 종이 위에 물들이기였다. 내가 놀고 온 뒤에 엄마가 뭐를 가지고 있었다.

"엄마 그게 뭔데요?"

"응 니가 재미있는 숙제 하는 거야."

그래서 집으로 드갔다. 그리고 준비물을 준비해 놨다. 뭐냐면 홍두깨. 종이 2개, 그리고 꽃을 준비해 놨다. 그리고 종이 한 장을 놔 두고 종이 위에 꽃을 얹었다.

이렇게 말이다. 그리고 1개 종이를 싹 덮었다. 그리고 홍두깨로
문질렀다. 그러나 너무 잘 안 돼서 홍두깨 가지고 톡톡 두드렸다.
그런데 두드리는 게 조금 힘들었고 재미가 있었다. 그래서 이제
종이 위에 종이를 뗐다. 꽃도 떼니까 꽃모양이 났다. 일기장에도 꽃
을 하나 찍었다. 왜냐하면 선생님에게 재미있는 숙제를 했다고 직
접 보여 주기 위해서 찍었다. 맨 처음에 했는 종이를 풀로 붙이면
되는데 재미가 있어서 찍었다.
참 예쁘고 아름다웠다. 그리고 참 신기하였다. (8시 30분→9시)

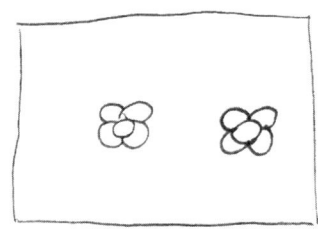

1996년 11월 4일 월. 맑고 더웠다.

해바라기 놀이

성진아

　나는 학원을 마치고 정순이를 피아노실에 가서 기다리다가 속셈실에 민정이가 와서 내가

　"너거 집에 가도 되나?"

카자 민정이가 된다고 했다.

　정순이에게 학원 다 마치고 민정이 집에 오라고 하고 우리는 그림을 그리다가 유치부 학원 옆에 놀이터에 흙이 많은 데로 갔다. 거기에서 해바라기 놀이를 했다. 누구와 했냐면 민정이, 민정이 동생 민지, 정순이, 나 이렇게 했다. 다른 기구를 타다가 내가

　"해바라기 놀이하자."

고 하니 하자고 했다. 어디다 그렸냐면 미끄럼 밑에 둥근 기둥같이 생겼는 데서 나무를 구해서 해바라기를 그리고 시즈했다.

　민지와 나는 수비대고 정순이와 민정이는 공격하는 사람이다. 나는 왼쪽에 맡고 민지는 오른쪽을 맡았다. 내한테 오는 아이 정순이를 밀었는데 해바라기 공격 사람 다니는 데 엎어지는 게 아닌가. 나는 그걸 모른 척하고 나가 있으라고 했다. 민정이도 다치고 우리는 야호 우리가 공격하는 사람이다. 나는 안 밀었는데 민정이에게 가서 민지가 밀어서 바깥으로 나갔다. 그래서 내가

　"민지 화이팅."

하고 크게 소리쳤다. 그리고 내가

　"운동장 한가운데 하면 되잖아."

카자. 거기 가서 하라고 해서 그리니 진흙이 아니라서 잘 그어지지 않았다. 그래서 우리가

“잘 그어지지 않는다.”

“그치.”

우리가 했는 말이다. 많이 하지도 않고 그네 있는 데서 그네를 타고 놀았다. 참 재미있었다. (7시 30분→8시 15분)

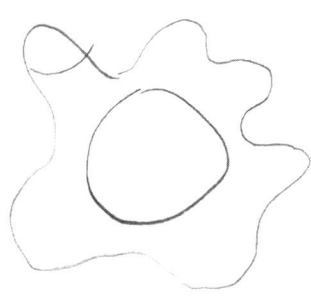

그림을 그리면서 설명을 하니까 이해하기가 쉽다. 현아가 꽃물 들이기 하는 방법을 자세하게 설명한 다음 그 밑에 그림을 그려서 더욱 분명히 알 수 있도록 한 것은 아주 좋은 방법이다. 그런데 진아는 미리 그림을 그리겠다는 생각을 하고 썼는지 해바라기 놀이를 땅바닥에 어떻게 그렸는지를 설명하지 않았다. 이래도 괜찮다. 놀이 설명을 하기 위한 일기가 아니기 때문이다.

그렇지만 글로 충분히 나타낼 수가 있는데 간단한 그림으로 대신하지 않도록 조심해야만 한다.

그림 그리듯이 쓰기

아이들은 그림 그리듯이 글을 쓰라고 하지 않아도 가끔 그림 같은 사생글을 쓰기도 한다. 이는 자세히 쓰기 공부를 했기 때문이라고 생각한다. 또 돋보기를 갖고 다니면서 자세히 살펴서 쓰는 공부가 이런 성과를 거두게 했다고 본다.

1996년 10월 8일 화요일. 아침에는 추웠으나 맑았다.

일기 쓰기

손진호

오늘 학교에서 일기를 썼다. 열한 시 오십 분에 섰다. 우리 반 애들은 좋다고 했다. 선생님이 일기를 써라고 했다. 우리 반 애들은 생각을 하고 일기를 쓰는데 나는 내 일기장에 이름을 썼다. 일기장 4가 처음 시작이다. 나는 일기를 계속 썼다.

기영이는 계속 떠들었다. 병준이는 일기를 다 써서 책상 위에 앉았다. 종진이는 일기장이 없어서 선생님이 쓰기를 하라고 했는데도 계속 장난 쳤다. 정승이하고 세훈이하고 장경철은 병화를 쳐다봤다. 배기환은 현아한테 맞았다. 규석이는 자기 짝을 때렸다. 병준이는 계속 떠들었다. 병준이는 남 책을 빼뜰었다. 현다는 기영이랑 얘기를 한다. 종위하고 기영이랑 성진아랑 현아 일기를 봤다. 나은애는 나를 때렸다. 두 번이나 나를 때렸다. 또 내 앞에 와서 몸을 흔들었다. 병준이는 정민이 책상에 또 올라갔다. 은희는 한 장도 안 썼다. 정민이는 콧물을 찔찔 흘리면서 장난을 쳤다. 규석이는 누워서 있었다. 종진이는 계속 장난 치고 또 종진이는 정민이를 때렸다. 성욱이하고 종진이는 이야기를 했다. 정민이는 책상에 올라갔다. 정승이는 돌아다녔다. 기영이도 돌아다녔다.

(11시 50분→12시 35분)

교실에서 다 함께 일기를 쓴 날이다. 이 날 아침 공부 시작하기 전에 뒷산에 풀놀이를 하러 갔다. 자주 가는 뒷산이지만 아이들은 무척 좋아한다. 무엇을 글감으로 잡는지 보기 위한 들놀이였다. 이 일말고도 이 날 손님이 왔을 때 아이들이 떠들어서 벌을 서기도 했다. 골라 잡을 일깃감이 많은 상태에서 일기 쓰기를 시작한 셈이다.

그렇지 않은 아이들도 더러 있었지만 예상대로 아이들은 산에 간 이야기와 벌 받은 이야기를 많이 썼다. 엉뚱하게도 진호는 아이들이 일기 쓰는 모습을 그림 그리듯이 써 나갔다. 본 것을 어느 정도 시간이 지난 뒤에 떠올려 쓴 것이 아니라 지금 벌어지고 있는 일을 힐끔힐끔 보면서 그림 그리듯이 써 나갔다. 별도로 사생글 쓰기라는 공부를 하지 않았는데 이렇게 썼다.

1996년 11월 6일 수요일.
내 책상 닦기
김민정
텔레비전을 보다가 심심해서 책상을 닦았다. 먼저 걸레로 책상을 닦았다.

내 책상 위에는 병원 놀이 하는 장난감하고 커다란 쟁반에 연필꽂이와 화분에는 예쁜 노란 꽃이 있었다. 꽃 이름을 모르지만 예쁘다.

그 옆 왼쪽에는 컵에 담긴 고구마가 있었다. 고구마는 뿌리가 요리조리 나 있다. 색깔은 하얀색이다. 뿌리가 가늘가늘하다. 뿌리가 물에 들어가 있다.

병원 놀이 하는 것은 가벼워서 잘 옮길 수 있었는데 고구마, 화분 연필꽂이는 무거워서 잘 못 들었다. (8시 25분→9시)

그림 그리듯이 써 보자고 마음먹고 쓴 글이 아니다. 심심해서 책상을 닦다가 본 것들을 이렇듯 자세히 나타내었다. 컵이 오른쪽에 있는지 왼쪽에 있는지 밝혀 쓴 것과 물에 담긴 뿌리 모양과 색깔을 쓴 것은 그림, 바로 그것이다.

우리말 바로 쓰기

우리 나라 사람들은 우리 나라에서 우리말과 우리글을 쓰면서 살아간다. 미국 사람은 미국말과 글을 쓰면서 미국이란 나라에서 밥 먹고 잠자고 숨쉬면서 살아가고, 일본 사람은 또 일본이란 나라에서 그렇게 살아간다. 그렇지만 가끔씩 우리 나라 사람도 미국에 갈 수 있고, 미국 밥을 먹을 수도 있고, 미국이란 나라에 가서 살 수도 있다. 반대로 미국 사람도 우리 나라에 와서 우리 김치를 먹을 수 있다.

말이나 글도 이와 같다. 우리 나라 사람도 미국말을 써야 할 때가 있다. 일본말을 써야 할 때가 있고 중국 한자말을 써야 할 때가 따로 있다. 또 서로 다른 나랏말이나 글을 배울 수도 있다. 그건 그런 때와 장소와 경우에 따라서 그럴 수 있다는 말이다.

우리 나라 사람이 우리 땅에서 우리 나라 사람과 말을 하면서도 한자말이나, 서양말이나, 일본말을 마구 섞어 쓴다면 정신이 나가도 한참 나간 사람일 것이다. 있을 수 없는 일이다. 그런데 이런 있을 수 없는 일이 너무나 자연스럽게 일어나고 있다. 이 무서운 일을 고쳐야 한다. 아이들 생활이 그대로 드러나는 일기글에서 고쳐 나가야 하고, 일기글에 앞서 교실에서 말살이 글살이를 고쳐 나가야 한다.

교과서에 있는 잘못된 글 고치기

교과서를 살펴보면 우리말로 고쳐야 할 글이 생각보다 많다. 어려운 한자말이나 우리 말법이 아닌 글을 조금씩 고쳐 가는데, 아이들은 이 공부를 무척 좋아한다.

　무엇이 잘못된 것인가를 찾아 내는 일은 상당한 수준에 있는 사람이나 할 일이지 초등학교 1학년이 뭘 얼마나 안다고 글을 고치나, 이렇게 생각할 사람이 있을지 모르겠다. 그런데 그게 아니다. 설령 아이들이 찾아 내지 못하더라도 우리글이라는 잣대를 가지고 두리번거려 보는 일만 해도 된다. 해 보면 곧 알겠지만 생각보다 아이들은 잘 찾아 낸다. 못 찾을 때는 교사가 찾아 주면 된다. 그러면서 공부를 하는 것이다.

　이 일은 우리말 공부도 되지만 그것말고도 얻는 게 있다. 바로 글쓰기에 대한 자신감이다. 적어도 나는 교과서에 있는 것처럼 '국기 게양법'이라고는 안 쓰고 '국기 다는 법'이라고 쓴다. '미소'로 쓰지 않고 '웃음'이라고 쓴다. 아이들도 이런 걸 찾아 바로잡으면서 뿌듯한 자부심과 자신감을 얻는다. 이런다고 교과서의 권위가 떨어지는 게 절대 아니다. 오히려 교과서를 학습 자료로 적극 써 먹는 일이 된다. '이런 엉터리 교과서가 어디 있어.' 하는 아이는 한 사람도 없다.

- 매일 아침 골목 청소를 하신다. (읽기 1-2, 15쪽)
  →아침마다 골목 청소를 하신다.
- 제일 예쁘다고 자랑하였습니다. (읽기 1-2, 36쪽)
  →가장 예쁘다고 자랑하였습니다.
- 조를 나누어 (읽기 1-2, 43쪽)
  →모둠을 나누어
- 가리키는 말 중에서 (읽기 1-2, 50쪽)
  →가리키는 말 가운데서
- 친구와 비교하여 봅시다. (읽기 1-2, 54쪽)

→동무와 대 봅시다. (친구와 견주어 봅시다.)

• 세 개의 통을 교탁 위에 (읽기 1-2, 56쪽)

　　→통 세 개를 교탁 위에

• 쓰레기를 어떻게 처리하면 좋을지 (읽기 1-2, 57쪽)

　　→쓰레기를 어떻게 치우면 좋을지

• 다람쥐네 가족도 (읽기 1-2, 65쪽)

　　→다람쥐네 식구도

• 까치 소리가 계속 (읽기 1-2, 73쪽)

　　→까치 소리가 자꾸만

• 며칠 후 (읽기 1-2, 82쪽)

　　→며칠 뒤

• 집 앞 공터에 모여 (읽기 1-2, 82쪽)

　　→집 앞 빈터에 모여

• 다툰 이유는 무엇인가요? (읽기 1-2, 92쪽)

　　→다툰 까닭은 무엇인가요?

• 오늘 아침의 일입니다. (읽기 1-2, 96쪽)

　　→오늘 아침 일입니다.

• 세수를 하다가 (읽기 1-2, 99쪽)

　　→낯을 씻다가

• 깨끗하게 사용합시다. (읽기 1-2, 108쪽)

　　→깨끗하게 씁시다.

　1학년 2학기 읽기 교과서에만 공부할 자료가 이렇게 많다. 앞에서 공부한 말이 뒤에 또 나오면 아이들은 교사가 말하지 않아도 잘못되었다고 말하기도 한다. 우리말 공부는 국어 시간에만 해야 하는 공부가 아니다. 다른 교과서를 가지고도 짬짬이 지나가는 일처럼 공부를 하면 된다.

동무 말 고쳐 주기

교과서에 있는 잘못된 글 고치기와 거의 같은 방법이다. 다른 것은 글을 고치는 것이 아니라 동무들이 쓰는 말을 고친다는 데 있다. 사실 이 일은 억지로 하라고 하지 않아도 아이들이 우리말과 글을 살려 써야 된다는 것만 알게 되면 평소에도 자연스럽게 이루어진다.

그런데 교과서 글 고치기와 크게 다른 게 있다. 교과서에서는 어려운 한자말이나 말법 고치기가 중심이 되지만 동무 말 고쳐 주기는 서양말이나 일본말 고치기가 중심이다. 아주 어려운 한자말은 잘 쓰지 않아서 그렇기도 하고 어지간한 한자말은 아이들도 모르고 쓰니까 그렇다. 서양말이나 일본말은 버젓이 잘못이란 것을 알면서 버릇처럼 쓰니까 곁에 있는 동무가 금방 알아 낼 수 있다.

진희 : 어제 우리 엄마하고 귤 한 박스를 사서 들고 가는데 무거워서 죽을 뻔했어.
기철 : 야, 엄마가 뭐니? 너 아기니?
진희 : 아, 참. 어머니하고.
보라 : 그리고 또 잘못한 것 있어?
진희 : 맞아, 한 박스가 아니고 한 상자지.

이렇게 한다. 곁에서 살짝 찔러만 줘도 잘못 말한 것을 금방 안다. 이런 간섭은 말하기에 걸림돌이 되지 않는다. 설령 걸림돌이 된다고 해도 고쳐야 할 일이다.

많이 쓰는 서양말 가운데 '박스'가 있다. 여기서는 한자말인 '상자'로 고쳤지만 정확하게 고친 게 아니다. '짝'이 맞다. 생선이나 과일 같은 것을 담는 것은 '궤짝'이라고 했는데 괘를 줄여 짝이라고 했는지는 몰라도 사과 열 짝이라 하지 열 상자라고 하지 않았다. 뜨 '박스'를 모두 '상자'로 바꿀 수는 없다. 물건에 따라 또 그릇에 따라 '통' '곽' '짝'으로 알맞게 써야 한다.

이 밖에도 학교 방송에서 나오는 잘못된 말 찾기, 아버지와 어머니가 잘못 쓰고 있는 말 조사해 보기, 서양 글씨가 요란한 옷이나 학용품 안 쓰기, 외국어로 된 간판 조사해 보기, 자기가 쓴 글 읽으면서 우리글이 아닌 곳 찾아보기 같은 방법들이 얼마든지 있다.

우리말 우리글 바로 쓰기를 제대로 하려면 지도하는 사람이 우리 말법이 어떤지, 써서는 안 되는 말이 어떤 것인지 뚜렷이 알고 있어야 한다. 그렇지 않고서는 생각뿐이지 바른 지도를 할 수가 없다. 이오덕 선생님의 '우리글 바로 쓰기' (한길사)를 읽어 보기 바란다.

4. 쓴 글 읽어 보기

일기를 다 쓴 다음 연필을 놓기 전에 마지막으로 할 일이 있다. 자기가 쓴 글을 한 번 읽어 보는 일이다. 아이들은 다 쓴 자기 글을 다시 읽지 않는다. 그렇지만 읽어 보도록 지도해야 한다. 자기가 쓴 일기를 다시 읽어 보는 일은 틀린 곳을 바로잡기 위해서가 아니라 시원한 마무리를 하기 위해서다. 자기가 쓴 글을 읽어 보는 일은 마무리를 하는 버릇과 마무리할 때 느낄 수 있는 시원함을 맛보게 하는 데 뜻이 있다. 그렇지만 읽다가 너무나 엉뚱하게 잘못 쓴 곳이 있으면 바로잡을 수 있게 지도할 수도 있다.

글을 읽다가 고쳐야겠다는 생각이 들면 지우개로 지우지 말고 간단히 고침표를 써서 고쳐 보도록 한다. 1학년은 띄움표(∨), 이음표(⌒), 글자 고침표(♂), 글자 빼냄표(♂) 정도만 써도 충분하다.

일기 고치기는 다른 글 고치기와는 목적과 성격이 다르다는 점을 알고 절대로 무리해서는 안 된다. 공책은 원고지와 달리 고침 표시를 할 적당한 빈 자리가 없다. 그렇지만 줄 사이에 표시를 할 수는 있다.

글을 쓴 다음 잘못 쓴 것을 스스로 바로잡았다.

(　　　　)

1996년 11월 28일 목요일 춥다.

(시소)

오늘 학교 성진이와 온(운)동장에 가서 이소를 탔다. 그리고 그네를 탔다. 때는 날르는 비행기 속으로 내가 생각을 했다. 내가 짓는 하늘을 갔을 로 ㄱ 올라갔날 다.

그리고 기분이 올라라늘다. 그런 그리고

5. 일기 쓰는 시간

1장에서 이야기했지만 일기는 잠자기 바로 전에 쓰게 해서는 안 된다. 잠이 올 때는 자세히 쓰기는커녕 쪽지처럼 간단히 쓰기도 쉽지 않다. 그렇다면 언제 일기를 쓰게 하면 좋을까? 가장 좋은 때는 어떤 일을 겪은 바로 뒤에 쓰는 것이다. 학교에 가면서 본 일을 일기로 쓰려면 첫째 시간 시작하기 전에 쓰면 좋다. 점심 시간에 있었던 일은 다섯째 시간이 시작하기 전에 쓰면 되겠다. 학교 마치고 집에 오는 길에 겪은 일은 집에 오자마자 쓰면 가장 좋다. 실제로 아이들이 쓰는 일기를 눈여겨보면 저녁 시간에 일어난 일을 많이 쓴다. 이것은 무엇을 말하는가? 하루 일 가운데 시간이 많이 지난 일보다는 바로 앞에 겪은 일을 많이 떠올려 쓰고 있다는 것을 뜻한다.

사정이 이러하지만 바로 앞에 벌어진 일을 그때 그때 쓰기란 쉽지가 않다. 일기장을 마치 손수건처럼 늘 갖고 다닐 수도 없고 갖고 다닌다고 하더라도 어디서라도 일기장을 펼쳐 놓고 쓸 수는 없는 노릇이다. 또 바로 전 일을 쓰는 일이 중요하긴 하지만 일기를 쓸 충분한 시간을 갖고 쓰는 일도 아주 중요하다고 보아야 한다. 그렇다면 어떻게 할까?

가장 좋은 시간은 학교 공부를 마치고 집에 돌아온 바로 다음이다. 숙제를 먼저 하든지 숙제를 하기 전이든지 그 시간이 좋다. 하여튼 졸린 눈을 비벼 가면서 쓰게 해서는 안 된다.

일기를 자세히 쓰려면 시간이 넉넉해야 한다. 그렇지 않고서는 일깃감도 얼렁뚱땅 고르고 겪어 보기도 얼렁뚱땅할 수밖에 없다. 글 쓰는 시간을 버릇처럼 적어 놓는 일이 그래서 중요하다.

일기장을 펼친 다음에는 늘 시계를 보게 하자. 그래서 공책 가장자리 빈 곳에 쓰기 시작한 시간을 연필로 희미하게 적어 두고, 일기를 다 썼으면 다시 시계를 보고 '3시 20분→4시 10분' 처럼 늘 쓰도록 지도하자.

1996년 11월 23일 토요일. 맑았고 아침에는 춥고 낮에는 더워서 땀이 났다.

재미있는 숙제

성진아

나는 학교를 마치고 우리 모둠에게 피아노 교실이서 기다리라고 했다.

우리 모둠 배기환, 김태근, 나 이렇게하고 유리나는 안 한다고 하였다. 그런데 갑자기 병화가 같이 하자고 했다. 나는 시캐 주었다.

우리 집에 가서 가방을 우리 집에 두고 왔다. 그리고 우리 집 옆에 있는 밭에 갔다. 밭에 가다가 내가

"일기장 들고 가자."

하고 큰 소리로 외쳤다. 벼, 풀, 벼 이삭, 찌끄레기가 있었다. 풀은 겨울인데도 있었다.

나는 깜짝 놀랐다. 겨울에는 아무것도 없는 줄 알았는데 새파란 풀이 있었다. 그 풀은 눈이 오면 맹 죽을 것이다 하고 생각을 했다. 다른 아이들도 내하고 생각이 똑같다.

기환이와 나만 일기를 썼다. 태근이와 병화는 안 썼다.

(12시→12시 40분)

1997년 1월 8일 수요일. 아침에는 억수로 추웠고 다라이에 물이 얼었고 낮에는 해가 떠서 덜 추웠다.

눈썰매

최성욱

아침을 먹고 섭이 형, 정숙이 누나, 지선이, 양수 누나와 같이 산에 놀러 갔다. 가니까 산에는 눈이 많이 있었다. 눈을 뭉치고 포대로 썰매를 타기도 하였다. 정숙이 누나는 바지를 다 버렸다. 지선이도 바지를 다 버렸다. 섭이 형, 양수 누나, 나는 버리지 않았다.

한참 눈썰매를 타다가 추워서 집으로 왔다. 정숙이 누나, 지선이는 바지를 버려서 집에 못 간다라고 해서 우리 집에 왔다.

어머니께서 정숙이 누나한테 어머니 치마를 주고 바지는 따뜻하게 해서 말려 준다고 방바닥에 늘어놓았다. 지선이는 아무리 벗어라 해도 벗지 않아 수건을 넣어 주었다. 그리고 어머니께서 딸기 쨈으로 빵을 발라 주었다. 맛있게 먹고 놀았다. 놀다가 다 가고 나는 일기를 썼다. (1시 10분→1시 36분)

진아는 동무들과 들판에 나갈 때 일기장을 들고 나갔다고 썼다. 그렇지만 들판에서 일기를 쓰지는 않았다. 쓸 수가 없었겠지. 그런데 동무들이 미처 가기도 전에 일기를 쓴다. 잊어 버리기 전에 빨리 써 놓고 싶었을 게다. 이렇게까지 할 필요는 없다. 일기는 차분한 분위기가 필요하기 때문이다. 성욱이는 아이들이 다 가자마자 썼다. 가장 적당한 시간을 골랐다.

1996년 12월 14일 토요일. 춥다.

재미있는 숙제

진제완

　오늘 재미있는 숙제를 하려고 도화지를 학교에서 가져와서 어머니 발부터 그리고 동생과 내 발을 그렸다. 그리고 저녁에 아버지 발을 그릴 것이다.

　그리고 어머니께서 이렇게 말을 했다. 좀 예쁘게 그려라. 너거 선생님이 발 몬 생겼다고 욕한다. 그리고 동생 나은이는 이렇게 말을 했다. 오빠야 나도 예쁘게 해 도 했다. 그리고 내가 스스로 발을 그리면서 이렇게 말을 하면 그렸다. 나는 더 멋지게 해야지라고 적었다. 그리고 아버지 발은 나중에 그려야 되겠다.

　(5시 30분→6시 5분)

　아버지가 늦게 와서 조금 전에 다 그렸다. 그래서 나는 일기장을 다시 꺼냈다. 왜냐 하면 재미있는 숙제기 때문이다. 아버지 발이 물에 쪼끔 젖어서 도화지도 젖어 있었다. 뒤에는 말라서 깨끗했다. 아버지는 왜 색칠을 안 하노? 그랬다. 나는 안 해도 된다고 말을 했다. 나는 그 말을 그림에다 썼다. 이제 다 했다. (7시 20분→7시 32분)

일기를 하루 일이 끝나기 전에 쓰게 되면 이렇게 쓰는 일도 생긴다. 제완이는 식구들 발을 미처 다 그리지 않고 일기를 썼는데 뒤늦게 아버지가 와서 아버지 발을 마저 그리고 다시 일기를 썼다. 아주 바람직한 일이다.

6. 일기장 봐 주기

　1장에서 일기를 지도하는 사람이 아이들 일기를 봐야 하는 까닭을 두 가지로 말했다. 다시 되풀이하자면 일기는 첫째, 일기 지도 속도나 정도, 방법을 가늠하기 위해서, 둘째, 아이들이 지금 어떤 생각을 하고 있는지 어떤 형편에 있는지를 알기 위해서 본다.

첫째 시간 전에 다 읽는다

　일기는 첫째 시간 전에 다 읽으면 좋다. 그렇지만 한 반에 40명쯤 되면 그게 쉽지가 않다. 이를 해결하기 위해서는 교사가 학교에 일찍 가야 한다. 그래야만 아이들이 오는 대로 다 읽을 수 있다.

　일기를 읽지 못하고 하루를 시작했을 때 이런 일도 있을 수 있다.

　철수는 어제 아버지와 어머니가 크게 다투어서 마음 속에 걱정이 가득하다. 수업 시간에 괜히 멍하니 앉아 있다. 공부를 하다가 갑자기 그 일이 생각나서 그렇다. 그것도 모르고 교사는 정신을 딴 데 팔고 있다고 야단을 쳤다. 따뜻하게 위로를 해서 마음을 어루만져 주어야 할 교사가 꾸중을 한 것이다. 참으로 잘못한 일이다.

　이것은 가정이다. 그렇지만 충분히 있을 수 있는 가정이다.

　1996년 10월 30일 수요일. 맑고 굉장히 더웠다.
　대청소

이현아

　오늘 학교에서 청소를 하였다. 누구하고 했냐면 3분단 전체 다가 청소를 하였다. 가끔씩은 2분단이나 1분단이나 드와 주는 아이도 있었다. 그런데 선생님께서 3분단 전체 다를 꾸중하셨다. 왜 꾸중을 주셨냐면 우리가 청소를 옳게 하지 않아서 그렇다. 그러나 선생님은 너무하시다. 왜냐면 우리가 열심히 빗자루로 쓸고 닦고 밀고 했는데 선생님은 우리 마음을 모르는가 보시다.

선생님이 우리 마음을 알았으면 야단 안 치시겠다. 선생님이 내일 되어서 1분단 2분단한테 우리가 청소를 옳게 안 했다는 말을 안 했으면 좋겠다.

오늘은 그리고 재수 없는 날이라고 생각을 하였다. 선생님이 1분단 2분단한테 제발 말을 안 했으면 좋겠다. (7시 5분→8시)

현아는 3분단이 청소를 잘 못했다는 사실을 다른 분단이 알아 버릴까 마음을 졸이고 있다. 별게 아닌 것 같지만 현아는 이 일이 큰 걱정거리다. 그러니까 두 번이나 공개하지 말 것을 당부했다. '제발' 이라는 말을 써 가면서 말이다. 이 정도 부탁은 당연히 들어 주어야 한다. 일기를 읽지 않았다면 지나가는 말로라도 3분단이 청소를 제대로 안 했다고 한 마디 해 버렸을지도 모를 일이다.

새 일기장과 다 쓴 일기장 관리
날마다 일기를 보면서 할 일이 또 하나 있다. 그건 아이들이 다 쓴 일기장을 학년 말까지 보관하는 일과 아이에게 알맞은 새 일기장을 내주는 일이다.

학년 초에 학년에 맞는 일기장을 충분히 준비한다. 일기장을 준비할 때는 학년에 맞게 준비를 하되 아이들이 쓰는 글씨 크기가 제각각이니 몇 가지 종류를 미리 준비한다.

어떤 일기장이 좋을까? 일정한 규격이 없다. 아이들 글자 크기에 대보고 쓰기에 편하면 그것이 적당한 일기장이다. 보통 1학년은 8칸짜리 칸 공책이 적당하다. 글씨를 좀 작은 크기로 쓰는 1학년 아이 같으면 10칸짜리도 괜찮다. 처음에는 보조 줄이 그어져 있는 8칸짜리 쓰기 공책이 좋다. 중학년은 줄 간격이 넓은 줄 공책, 고학년은 줄 간격이 좁은 보통 공책이 알맞다. 그림도 그려 넣고 신문이나 잡지에 나오는 기사를 오려 붙이고 하려면 줄이 너무 진하지 않은 게 좋다.

다 쓴 일기장은 교사가 보관을 하고 새 일기장 가운데 아이 글씨 크기에 알맞은 일기장을 내 준다. 지금 쓰고 있는 글씨 크기만 생각하지 말고, 글씨를 크게 쓰는 아이라도 좀 작게 쓰도록 해야겠다 싶으면 칸 크기가 작은 것을 내주는 것이 좋다. 그 반대일 경우도 마찬가지다.

일기장 4권을 다 쓴 아이에게 새 일기장을 줄 때 공책 앞에 '일기장 5'라고 쓰고 '일기장 5 축하합니다.' 하고 써 주면 아이들은 좋아한다. 아이들은 일기장 숫자가 올라가는 것이 마치 일기 실력이 쌓여 가는 것으로 느껴 좋아한다.

도움말 써 주기

일기를 읽었으면 도움말을 해 주는 게 옳다. 앞에서도 밝혔지만 국어 공부를 시키려는 도움말은 도움은커녕 오히려 방해가 된다. 다음과 같은 원칙을 생각하면서 도움말을 써 주면 좋겠다.

- 꼬치꼬치 지도하려고 하지 말고 일기 내용에 관심을 보이며 마주 이야기하듯이 쓰자.
- 일기 내용을 두고 편잔을 주거나 나무라지 말자.
- 그릇된 생각이나 행동에 대해서는 설교도 하지 말고 칭찬도 하지

말자. 딴청을 부려라.

• '잘 썼다.' '착하다.' 같이 기준 없는 칭찬을 하지 말자.

• 걱정을 함께 나누는 이야기를 쓴다.

• 빨간색은 쓰지 않는다.

• 가끔 우스갯소리도 써 준다.

이런 원칙을 생각하며 일기글 밑에 적어 놓은 도움말을 읽어 보자.

1996년 10월 11일 월요일. 맑음.

버스

전유리나

집에 갈 때 버스 타는 데서 내가 버스를 기다리고 있는데 근구가 내보고 버스 타나 하고 말했다. 내가 근구에게 200원이 있나 하고 말했다. 근구는 음 하고 말을 했다. 버스가 오자 애들은 다 200원을 내고 버스를 타는데 근구는 100원을 내고 탈라고 했다. 버스 아저씨가 100원을 도로 주면서 근구를 밀었다. 근구는 그만 버스를 못 탔다. 이근구, 이근구, 메롱 거짓말을 하면 안 되는데.

(7시→7시 20분)

도움말 : 100원이 없었던 모양이지. 근구가 걸어가서 운동 많이 되었겠다.

1996년 12월 2일 월요일. 아침에는 많이 추웠다. 지금은 안 춥다.

생일

나원엽

오늘 바른 생활 시간에 선생님께서 생일 이야기를 했다. 나를 낳아 주신 어머니와 아버지는 하나님보다 더 좋은 분이라고 했다. 이제 와서 우리 어머니가 왜 좋은 분이라고 하는지 알겠다.

우리 어머니는 머리가 잘 돌아가니까 좋은 분이다. 너가 자라서 잘 안 되는 일이 있을 때는 머리를 써라고 한다. 우리 어머니가 나에게 머리를 잘 써라고 하는 것은 참 좋은 말이다.

(12시→12시 40분)

도움말 : 어머니 닮아서 원엽이도 머리가 잘 돌아가는구나.

1996년 12월 13일 금요일. 굉장히 춥다.
현아

전유리나

오늘 학교에서 우유를 다 마시고 놀고 있는데 현아가 민정이보고 말을 했다.

"민정아, 니 유리나하고 놀지 마라."

하고 말했다. 나는 화가 났다. 나는 이런 생각을 했다.

전에 반장 부반장 뽑을 때 현아가 이렇게 말했다.

"저는 부반장이 되어 친구들과 다 같이 사이좋게 놀겠습니다."

하고 말했는데 성진아보고도 내 니하고 안 논다고 말하고 또 내한테도 그카고 다른 아이들한테도 그카고 현아는 왜 저럴까?

(4시→4시 36분)

도움말 : 유리나야, 현아가 말은 그래도 너하고 같이 놀 거야. 두고 봐라.

1996년 12월 18일 수요일. 아침에는 추웠으나 낮에는 안 추웠다.

일기와 숙제

김민정

어머니와 아버지는 일기가 숙제인 줄 안다.

다른 친구들은 일기를 한 번씩 빠자 먹는데 우리 어머니는 일기를 숙제로 안 봤으면 좋겠다. 선생님은 일기가 숙제가 아니라고 이야기를 했다. (8시 30분→8시 45분)

도움말 : 일기가 숙제는 아니지만 밥 먹는 것과 같단다. 밥은 하루라도 안 먹으면 배가 고프지? 그런데 많이 아플 때는 어쩔 수 없이 밥을 못 먹기도 하는 것처럼 일기도 못 쓸 때가 있지. 그렇지만 하루 이틀 건너 쓰다 보면 그만 쓰기 싫어져 버린단다. 그러면 어쩌지?

비밀 일기

거듭 얘기하지만 아이들 일기는 보고도 안 본 것처럼 해야 한다. 그래야만 아이들은 실수한 일, 부끄러운 일, 잘못한 일, 창피한 일 따위를 쓴다. 그래도 아이들은 교사나 부모에게 보이기 싫은 일기가 있다.

경험으로 보아, 누구에게라도 절대 보이기 싫은 일기는 접어 두는 방법이 가장 좋았다. 어떠한 경우라도 접어서 내는 일기는 펼쳐보지 않기로 약속을 해 두고 꼭 지켜야 한다. 접어 낸 일기는 보고 싶더라도 참아야 한다. 그런데 접어 두었던 일기도 시간이 지나면 그 장을 살짝 펴놓는 수가 많다. 시간이 지나면서 비밀이던 것이 별것 아닌 이야기가 되어 버리기 때문이다. 선생님이 혹시 보지 않을까 정 걱정이 되면 아무도 못 보게 풀로 붙이게 하더라도 쓰고 싶은 이야기를 맘껏 쓰도록 하는 것이 중요하다.

1996년 10월 9일 수요일. 맑고 더웠다.
할머니를 속이는 일

김보련

나는 오늘 아침에 밥을 먹고 어머니에게 이런 말을 했다. 할머니는 맨날맨날 나는 이백 원씩 주고 오빠는 오백 원씩 주니까 싫다고 했다. 그래서 할머니한테 이런 말을 했다. 할머니가 속아 넘어가도록 준비물이 있다고 했다. 할머니는 몇백 원 카니 해서 천 원이라고 카니 주셨다.

나는 천 원을 받아 가지고 걸걸 웃으면서 즐겁게 노래를 부르면서 학교로 갔다. (7시 30분→8시 5분)

1996년 11월 15일 금요일. 맑음.
어머니 야단

이은희

오늘은 학교를 마치고 학원을 하고 집으로 돌아올라 카다가 밑에 문방구에서 사 먹었다. 뽑기를 했는데 안 되었다. 과자도 사 먹고 장난감도 샀다. 장난감은 선생님이 돈을 준 봉투에서 돈을 끄집어 내서 아주머니께 줬다. 그거는 주사 값이다. 어머니께서 알림장을 보셨다. 어머니께서 알림장을 보시고는 선생님께서 내어 준 돈 7,400원을 돌라고 했다. 나는 2,400원을 까먹었다. 어머니가 화가 나셨다. 그래서 야단을 쳤다.

나는 거짓말을 안 하고 정직한 어린이가 되겠다.

1996년 10월 16일 수요일. 맑음.

꾸중 듣기

김정승

나는 오천 원을 모아서 어머니 몰래 오천 원짜리 총을 샀다. 오천 원은 그 전에 아버지가 주신 것도 있고 내가 안 쓴 것도 있다. 또 아버지 친구가 주신 것도 있다. 총은 밑에 집에서 샀다.

그래서 집에 가니 어머니께서 웬 총이냐고 했다. 나는 어머니께 맞을까 봐 친구한테 빌렸다고 그랬다. 거짓말을 조금 했다. 그 총으로 재미있게 놀았다. 선생님께서 거짓말을 하지 말라고 하셨다. 그래서 그 생각이 났다.

접지 않고 낸 일기들이다. 이런 정도 이야기도 크게 용기를 내서 썼을 것이다. 이만하면 이 아이들은 일기로 자기 삶을 가꾸어 나가고 있다고 봐야 한다.

그냥 넘겨서는 안 되겠다 싶은 일이 일기에 적혀 있으면 당장 교육을 하려 들지 말고 일단 기억을 해 두었다가 시간이 많이 지난 뒤에 일기하고 전혀 상관없는 일처럼 자연스럽게 이야기를 하는 게 좋다. 꼭 짚고 넘어가야 되겠다 싶으면 다른 공부 시간에 공부할 주제와 관련을 지어 이야기를 하는 방법도 좋다.

다음 일기글은 아무도 보지 말라고 꼭꼭 접어서 낸 글이다.

1996년 9월 23일 월요일. 맑고 더웠다.

나의 비밀

장경철

오늘은 나는 비밀을 쓰겠다. 진짜로 창피해서 아무한테도 얘기를 못 했다. 그게 뭐냐면 나는 우리 반에서 27번이 좋다. 야는 금포 병설 유치원도 같이 다녔다. 그런데 오늘 27번과 싸웠다. 내일부터는 싸우지 말고 사이좋게 잘 지내야 한다. 나는 남자니까 진짜 싸우지 않겠다. 선생님 내 비밀 꼭 지켜 주세요. 꼭꼭.

1996년 12월 15일 일요일. 아침에는 많이 추웠지만 점점 안 추웠다.
선생님은 촌놈

김민화

오늘 집에서 옆집 아주머니와 어머니와 나와 우라 오뎅 집에서 오뎅을 먹고 집으로 갈 때 어머니가 산길로 가자고 했다. 그런데 가면서 우리 어머니가 우리 선생님 이야기를 했다. 뭔 이야기를 했냐면 발 그리는 이야기를 하고 들판에 가는 이야기를 하고 나락 이삭 줍는 이야기를 하고 또 이야기를 많이 했다. 그런데 옆집 아주머니가 우리 선생님보고 촌놈이라고 했다. 정말 나도 그런 것 같다. 아주 조금 그런 것 같다. 집에 다 왔을 때 진흙이 있었다. 그래도 신발은 안 배렸다. (11시 20분→11시 50분)

첫 번째 일기는 크게 숨길 일이 아닐 것 같은데 접어서 냈다. 며칠이 지난 뒤에 제 스스로 비밀이 아니라고 펴 놓은 일기다. 경철이는 27번 여자 아이를 좋아한다는 말을 선생님에게도 알리기가 싫었던 모양이다. '선생님 내 비밀 지켜 주세요. 꼭꼭.' 하고 당부하는 글을 쓴 것을 보면 일기를 쓸 때는 접어서 낼 생각이 아니었던 모양인데 다 쓰고 나니 비밀로 하고 싶었던 게지. 민화는 아주머니들이 선생님을 촌놈이라고 한 것이 민망스러웠겠지. 그래서 비밀로 접어 두었다가 나중에 펴 놓았다.

끝까지 펴지 않거나 풀로 꼭꼭 붙여 둔 일기는 약속을 지키기 위해서 끝까지 읽지 않았기 때문에 무엇을 썼는지 알 길이 없다. 그래서 여기에 실을 자료가 없다.

7. 일기 발표

　아이든 어른이든 자기가 애써 쓴 글은 여러 사람 앞에서 발표하는 것을 좋아한다. 일기는 발표하려고 쓴 글은 아니지만 크게 비밀이 아니라면 발표하는 일은 칭찬하고 격려하는 뜻에서 괜찮다. 교실 안에서 하는 발표는 칭찬이 아니라 공부하기 위한 참고 자료로 발표할 수도 있다.

　발표는 어떻게 할까? 가장 쉬운 방법은 교실에서 읽어 주거나 복사해서 함께 읽는 방법이다. 학급 문집을 만들어 함께 돌려읽을 수도 있다. 마지막으로 신문사나 잡지사에 보내 발표하는 일인데 이 일은 권하고 싶지 않다. 글을 고르는 잣대도 문제지만 아이들 글을 신문이나 잡지에 실어 발표할 필요가 없다고 생각한다. 이름이나 내고 싶은 마음으로 글을 써서는 안 되기 때문이다.

　글은 어떤 이야기도 자유롭게 쓸 수 있지만 발표는 그렇지 않다. 글 쓴 아이가 발표를 원하지 않거나 부모가 발표를 꺼리면 발표할 수가 없다. 아무리 옳은 이야기라도 발표 때문에 피해를 보는 사람이 있거나 사회적으로 문제가 될 대목이 있어도 발표하기가 쉽지 않다. 어디에 어떤 방법으로 글을 발표하든 글을 발표할 때는 이래서 조심스럽다.

읽거나 복사해서 발표하기
　발표하는 뜻을 분명히 가지고 읽어 주어야 한다. 그냥 잘 쓴 글을 읽어 주면서 막연하게 칭찬하기보다는 '일깃감 공부' '자세히 쓰기 공부' 처럼 읽어 줄 목적에 맞추어 거기에 합당한 글을 골라서 읽어 주도록 한다.

좀더 시간을 가지고 자세하게 공부하고 싶은 일기는 복사해서 나누어 읽는 게 좋다.

1996년 9월 14일 토요일.
들풀 놀이

윤기영

나는 공부를 마치고 누나하고 집으로 가다가 학교 옆에 있는 들에 가서 풀을 뜯어서 손바닥에 비벼서 수박 냄새 나나 참외 냄새 나나 하고 놀이를 했다. 하다가 진짜 나는 수박 냄새가 나그 누나는 참외 냄새가 났다. 얼마나 재미있는지 모르겠다.

크게 칭찬해 줄 대목이 많은 일기는 아니다. 그러나 '공부를 마치고 집으로 가다가' '학교 옆에 있는 들'에서 알 수 있듯이 때와 곳을 뚜렷이 쓴 글이다. 때와 곳을 정확하게 쓰는 공부 자료로 달맞은 글이다. 또 풀놀이 같은 생활을 칭찬해 주고 자연과 가까워지는 공부 자료로 쓸 때도 가치가 있다.

1996년 11월 24일 일요일. 흐림.
재미있는 숙제

이지선

오늘 오후에 창인이한테서 전화가 왔다.
"여보세요?"
"지선이 있어요?"

"창인아 왜 전화했니?"

"재미있는 숙제 하자. 주현이 달성 슈퍼에서 기다린다."

"그래서? 니가 가면 안 되니?"

"안에 니 동굴 있는데 기다리고 있어라."

"알겠다."

하고 끊었다.

동굴에서 기다렸다. 1시에서 두 시까지 안 와 가지고. 우리 밭에 남아 있는 걸 보러 갔다. 흙, 씨앗, 나무 막대, 고추나무, 콩나무, 비닐도 보았다. 맨 뒤에 옥수수나무 또 뒤에 씨앗이 났다. 참 신기하다. 나는 궁금했다.

겨울에도 싹이 나는구나! 아주 추운 겨울에는 나무에 지푸라기를 썼다. (5시 12분→8시 15분)

마주 이야기 지도 자료로 적당한 일기다. 따옴표를 아주 잘 썼다. 또 신기한 것이 바로 좋은 일깃감이 된다는 공부도 할 수 있고, 느낌표 쓰는 공부를 할 수도 있다.

1996년 12월 8일 일요일.

토마토 옮기기

최성욱

외할머니와 외가 할머니 옆집에 할머니와 외가 작은집 할머니와 아버지와 어머니와 같이 토마토를 옮겼다. 아침 일찍이 외삼촌 차를 타고 할머니들이 우리 집에 오셨다.

우리는 토마토 모종을 우리 집 뒷밭에 모종이 있어 가지고 집에 왔다.

모종을 뽑아 가지고 토마토 논에 가서 옮겼다. 들에서 점심을 먹었다. 토마토 옮기는 일을 해서 재미있는 숙제를 못 했다. 재미있는 숙제는 콩 볶아 먹기다. 어머니께서 너무 피곤해서 다음에 하자고 했다. 그래서 못 했다. (6시 25분→7시 10분)

집안일을 돕는 성욱이 생활을 칭찬할 만한 글이다. 힘든 일을 서로 도우며 살아가는 모습을 잘 보여 주는 일기다. 집안일을 돕다 보면 숙제를 못 할 수도 있다는 이야기를 나눌 수도 있겠다.

1996년 11월 11일. 맑음.
심부름

전유리나

오늘 우리 어머니께서 내한테 무슨 말을 했다. 무슨 말을 했냐면 이렇게 말했다.

"유리나야! 강림 약국 옆에 오뎅 파는데 거기에 가서 ㉾김하고 순대 사 온나."

하고 말했다. 그리고 또 어머니께서 말했다.

"순대하고 ㉾김이 없으면 떡㉿기를 사 온나."

고 말했다. 나는 어머니 말씀을 듣고 집에서 나왔다. 그리고 빨리 뛰어갔다. 오뎅 파는 데 도착했다. 그리고 아주머니에게 이렇게 말했다.

"아줌마, ㉾김하고 순대 있어요?"

라고 말했다. 아줌마가 이렇게 말했다.

"㉾김하고 순대 없다."

그래서 나는 떡㉿기 천 원치 돌라고 했다. 떡㉿기를 조심히 잡아서 집으로 쫓아왔다. 그리고 어머니께 젓가락을 주고 내 젓가락도 가지고 떡<u>뽑</u>기를 먹기 시작했다. 내가 인상을 찌푸리니까 어머니께서 이렇게 말했다.

"먹기 싫으면 놔 두고 천 원으로 순대 사 온나."

나는 경서 중학교 옆에 가 봤다. 거기에는 진짜 순대가 있었다. 내가 아저씨에게 이렇게 말했다.

"아저씨 순대 주세요."

하고 말했다. 아저씨가 순대를 주고 나는 문을 열고 밖으로 나왔다. 그리고 걸어가 보니 메뚜기가 있었다. 내가 메뚜기에게 이렇게 말했다.

"메뚜기야! 너 친구 없니?"

하니까 내한테 올라고 했다. 나는 무서워서 집으로 달려갔다.

(4시 30분→5시 30분)

유리나는 튀김 할 때 '튀'자를 몰랐는데도 동그라미를 해 가면서 아주 잘 썼다. 떡볶이 할 때 '볶'자 역시 몰랐지만 아주 거리낌없이 잘 썼다. 글자를 몰라도 이렇듯 일기 쓰는 데는 조금도 어렵지 않다는 것을 배울 수 있는 훌륭한 자료다.

이러니 모든 아이들 일기는 저마다 발표할 가치가 있고, 복사해서 함께 읽어 볼 수 있는 자료가 된다. 잘 쓴 일기글만 발표할 것이 아니다.

학급 문집으로 발표하기

교사의 힘이 많이 들고 돈이 들기도 하지만 가장 바람직한 방법이다.

학급 문집 종류

학급 문집은 주간, 격주간, 월간, 격월간으로 자주 낼 수도 있고 학기 말에 한 번씩 낼 수도 있다. 학년 말에 한꺼번에 묶어 단 한 차례만 낼 수도 있다. 또 주간이나 월간으로 자주 내다가 그것을 한꺼번에 묶어 내는 방법도 있다. 저마다 좋은 점과 부족한 점을 갖고 있다. 주나 월 단위로 자주 내게 되면 아이들이 자라는 모습을 볼 수 있고, 문집이 두껍지 않아서 누구나 부담 없이 읽을 수 있는 점이 좋지간, 아이들 글을 정리하여 묶기는 어렵다. 또 겉보기가 그럴 듯하지 못하고 보관하기가 곤란하다는 점이 있다. 일 년에 한두 번 두껍게 내는 문집은 그 반대로 보면 된다.

우리 교실에서는 다달이 문집을 내고 있다. 부족한 점보다는 좋은 점이 많다고 보기 때문이다. 다달이 12~20쪽 정도도 낸다. 이름은 '신나는 교실'이다.

문집에 실을 글 가려 뽑기

1학년 학급 문집은 일기를 쓰기 시작한 7월 이후인 2학기부터 내게 된다. 문집에는 여러 갈래의 글을 돌아가면서 싣는 게 좋지만 1학년은 자연스럽게 일기글이 중심이 된다. 무슨 글을 싣든 학급 아이 가운데 한 사람이라도 빠져서는 안 된다. 12~20쪽이라면 한 사람에 한 편을 싣게 되는 게 보통이다. 그러니 한 달 동안 쓴 일기글 가운데 한 편만 가려 뽑으면 된다.

문집에 싣는 일기는 여러 가지 잣대에 비추어서 잘 섰다고 생각하는 글을 가려서 발표해야 한다. 교사는 평소 일기글을 읽으면서 잘 된 일기에는 별표(☆)를 해 준다. 글은 아이들이 먼저 고르는데 아이들은 별표 받은 일기 가운데 하나를 가려 뽑는다. 아이가 가려 뽑은 일기는 발표를 해도 문제가 없는가를 교사가 먼저 판단한다. 조금 망설여지는 글은 학부모에게 판단할 기회를 주기도 하고 글의 성격에 따라 다른 방법을 찾아본 뒤에 싣도록 한다. 해결책이 나지 않는 글은 싣지 않는다.

문집 편집

글을 고른 다음에는 틈 나는 대로 컴퓨터에 넣어 둔다. 이렇게 해야만 정한 날을 놓치지 않고 낼 수 있다. 타자 실력만 믿고 늑장을 부리면 갑자기 생기는 일에 밀려 못 낼 수도 있다.

1학년 문집은 빽빽하게 글만 넣어 편집하지 않고 글 사이사이에 그림을 섞어 넣으면 한층 읽기가 좋고 여유가 있다. 그림은 그 자체가 발표 작품이니까 아이들이 손수 그린 것이 좋다. 크로키한 것도 좋고, 겪은 것을 그린 생활 그림도 좋다. 글씨 크기는 1학년은 12포인트보다 큰 것이 좋지만 실을 글이 많을 때는 12포인트도 괜찮다. 그것보다 글씨 크기가 더 작으면 읽기가 어렵다.

7월과 12월에는 방학 특집으로 꾸미는 것도 좋다. 편집이 끝나면 복사기로 찍어 낸다.

학급 문집이 나오면

학급 문집이 나오면 발간 기념 잔치를 마련해도 좋다. 잔치라고 해서 음식을 준비할 것이 아니라 반 노래를 부르고 간단하게 모둠별로 장기 자랑을 하는 자리는 가져 볼 만하다. 그리고는 학급 문집을 함께 읽고 잘 된 점을 중심으로 이야기를 서로 나누는 시간을 갖는다. 학부모들에게도 한 부씩 보내고 그 밖에 관심을 갖는 몇 분에게 보낸다.

8. 일기장 묶어 주기

일 년 동안 쓴 일기장은 잃어버려서는 안 될 귀중한 자료다. 자기가 일 년 동안 자란 모습을 담은 역사책이다. 아주 소중하게 보관할 수 있도록 해 주어야 한다. 교사가 보관하고 있던 일기장 모두를 꺼내서 같은 자리에 구멍을 뚫고 철끈으로 묶어 둔다. 아이들은 그 일기장을 보관할 통을 준비한다. 통은 일기 쓴 일기장 수에 따라 다르지만 한 사람이 1~4개는 준비해야 한다. 일 년 동안 적게는 10권에서 많게는 40권까지 쓴다. 10권 단위로 묶는다. 일기를 보관할 상자 꾸미기는 미술 시간에 함께 만든다.

이 보물 상자는 영원히 보관하는 것이니까 이사를 갈 때도, 그리고 어른이 되어 결혼을 하더라도 잊어 버리지 말고 갖고 다니라고 당부를 해 둔다. 일기장이 소중하구나. 한 번 쓰고 내버리는 것이 아니구나 하는 깨달음을 주어야 한다. 이렇게 하는 것이 다음 학년에 올라가서도 계속 쓸 수 있는 마음을 갖게 해 준다.

보물 상자에 붙여 놓은 표

나의 보물 상자 1호

보관한 물건

1. 일기장 (   )묶음

2. 학급 문집

3. 동무들이 써 준 생일 편지

4. 기념 녹음 테이프

5. 상장

6. 성적표

7. 반 식구들 전화번호

8. 함께 찍은 사진

9. 그 밖에(   )

1996년 3월 1일~1997년 2월 28일

대구 금포 초등학교 1학년 2반

담임: 윤   태   규

보물 상자 주인 : 홍   길   동

9. 그 뒤의 지도

이제 일 년 마무리를 했다. 그런데 아이들이 '후유, 일기 쓰느라 혼났다. 이제부터 일기에서 해방이다.' 이렇게 된다면 이 때까지 일기 혁명이니 뭐니 하면서 애를 쓴 일기 쓰기도 말짱 헛것이다.

1학년 담임이라면 2학년에 올라가서도 일기를 잘 쓰고 있는지 봐야겠고, 6학년 같으면 중학생이 된 뒤에도 열심히 쓰는지 눈여겨볼 필요가 있다. 이 때까지 지도한 방법이 바른 길이었는지 가늠하려면 6학년 때 지도를 해서 중학생이 된 아이를 살펴보는 게 가장 확실하다. 중학교 교사들이 일기 쓰기를 지도하지 않을 때 그렇다는 걸이다.

그 동안 일기 쓰기 지도를 하다 보니 졸업한 제자들을 만날 때는 먼저 일기를 쓰고 있는가를 확인하는 것이 버릇이 되었다.

"너 일기 쓰고 있나?"

내 쪽에서 이렇게 묻기도 하지만 저희들이 먼저

"선생님, 일기 계속 쓰고 있어요."

"선생님, 가끔씩 일기를 쓰고 있어요."

"오랫동안 일기를 쓰지 않고 있어요."

하고 말하기도 한다.

그 동안 졸업한 아이들을 만나면서 느끼는 것은, 욕심에는 차지 않지만 적어도 내가 한 일기 쓰기 지도 방법이 실패는 아니라는 것이다. 이 진단과 치료 방법을 흔들림 없이 굳게 믿는 까닭이 여기에 있다.

4장 이럴 때는 어떻게 할까

1. 아이가 글자를 잘 모를 때
2. 글감 고르기를 어려워할 때
3. 아이들이 갑자기 대충대충 쓸 때
4. 시, 편지, 독후감 같은 일정한 틀로만 쓰려고 하는 아이
5. 학부모와 교사의 지도 방법이 다를 때

3장에서는 일기 지도 과정을 차례대로 밝혀 적었다. 여기서는, 일기 지도를 하다가 3장에서 밝힌 지도 방법으로는 잘 되지 않을 때 방법을 달리하거나 보충해서 지도하는 방법을 살펴보고자 한다.

3장을 일반 지도라 한다면 4장은 특별 지도라 할 수 있다.

1. 아이가 글자를 잘 모를 때

글자는 일기 쓰기 도구요, 수단이기 때문에 글자를 잘 모르면 일기 쓰기에 전혀 막힘이 없다고는 볼 수 없다. 그렇지만 자기가 알고 있는 글자로도 충분히 일기를 쓸 수 있다는 자신감을 갖도록 해야 한다. 먼저 글자를 잘 익히지 못한 아이 글을 읽어 보자.

1996년 11월 27일. 맑음.
학원

이혜민

나는오늘학원 마치고집에외대 민아어머니를바습니다. 인사를해는대학교가다오나해다. 내학교 가다오느길에요. 그래하고집에오는대방에도 안디가대 와누구차지?
할머니 저거누구차대대구고모와모두와다방에드가바라내 지자가그래 빨리가바라알게니? 은 알게서 빨리태가서인사틀하다 정민이학교 가다오는길이구나내대다도잘하내
(시작 4시49분 끝났는 시간 5시 10분)

1996년 10월 10일 목요일.

강동일

오는 나는 지자로 조다 오는 학교 다마치고 집으로 아다 그러서 나는 해진산처집에 가다 해지산처니 나보고 장나가 사주가 그게다

나는 아니호 개는데 그양 해진산처이 나모래 장나가을 사좋다 해진
산처 내을 으지로 바는다 장나으로 주나 하는대 해진산처이 그양 너
거 집에 가주고 가라고 해다 그래서 나는 지짜로 기부이 좋다

읽기가 쉽지 않았으리라. 8칸짜리 커다란 공책에 삐뚤삐뚤, 컸다가
작았다가, 희미하게 진하게 제멋대로 쓴 글자를 생각해 보라. 과연 읽
을 수 있겠는가를. 어지간한 참을성을 가지고는 끝까지 읽지 못한다.
참을성 있는 담임이나 부모라도 끝까지 읽기에 앞서 먼저 혀부터 끌끌
차고 말 것이다.
　틀린 글자만 고쳐 쓴 글을 다시 읽어 보자.

　　나는 학원 마치고 집에 오는데 민아 어머니를 봤습니다. 인사를
했는데
　"학교 갔다 오나?"
했다.
　"예. 학교 갔다 오는 길이에요."
　그래하고 집에 오는데 방에도 안 들어갔는데
　"와. 누구 차지? 할머니 저거 누구 차인데?"
　"대구 고모와 모두 왔다. 방에 드가 봐라."
　"예? 진짜가?"
　"그래 빨리 가 봐라 알겠니?"
　"응. 알겠어."
　빨리 들어가서 인사를 했다.
　"혜민이 학교 갔다 오는 길이구나."
　"네."

"대답도 잘하네."

　오늘 나는 진짜로 좋다. 오늘 학교 다 마치고 집으로 왔다. 그래서 나는 해진이 삼촌 집에 갔다. 해진이 삼촌이 나보고
　"장난감 사 줄까?" 그랬다. 나는 "아니오." 했는데 그냥 해진이 삼촌이 나 몰래 장난감을 사 주었다. 해진이 삼촌이 나를 주어서 억지로 받았다. 장난으로 주나 하는데 해진이 삼촌이 그냥 너희 집에 가지고 가라고 했다. 그래서 나는 진짜로 기분이 좋다.

　얼마나 잘 쓴 일기인가. 혜민이는 글자를 어느 정도 아는 편이다. '학교' '집' '빨리' '할머니' '끝났는 시간' 따위를 틀리지 않고 썼다. 여기서 틀리게 쓴 글자도 다른 일기에서는 정확히 쓴다. 글자를 정확히 모르는 아이들에게 흔히 나타나는 모습이다. 정민이는 책을 줄줄 읽지는 못하지만 많이 더듬거리지는 않고 읽는다. 공부 시간에도 발표를 아주 잘하고 수학도 잘한다.
　동일이도 마찬가지다. 궁리가 얼마나 많은지 모른다. 수학은 척척박사다. 그런데 글자 쓰기는 자신이 없다. 당장 받아쓰기를 해 보면 못 쓰는 글자가 너무나 많다. 그런데도 일기를 얼마나 잘 썼는가. 쓰려고 한 것은 아무 거리낌없이 다 썼다.
　이 아이들은 일기를 써 나가면서 모르는 글자가 있어도 망설이지 않고 써 나갔다. 그러나 모든 아이들이 다 그런 것은 아니다. 다른 자리에서는 분명히 아는 글자인데 갑자기 막히거나 복잡한 받침이 있어 도저히 알지 못하는 글자를 써야 할 경우, 많은 아이들은 망설인다. 글자 한 자를 떠올리려 하다가 그만 일기를 망치게 된다. 이런 경우다.
　'진흙에 넘어졌습니다.'를 써야 하는데 '진흘에 넘어졌습니다.'고

썼다. '흙' 자가 틀렸다는 것을 알겠는데 '흙'이 떠오르지 않는다. '진흑'도 아니다. '진흙'이 아니고 '진흙'도 아니다. '흙' 자 하나에 매달려 이렇게 고민 고민할 필요가 있을까? 그러나 그냥 넘어가자니 찝찔하다. 틀린 글자라는 것을 알면서 넘어가자니 더욱 그렇다.

어떻게 할까? 이렇게 해 보자.

진⑳에 넘어졌습니다.

아는 데까지 글자를 써 놓고 이렇게 모르거나 틀린 것 같은 글자에는 동그라미를 해 놓는다. 틀린 것은 알고 있지만 지금 생각이 안 난다는 뜻이다. 이렇게 하고 넘어가면 덜 찝찔할 것이다. 그리고 나중에라도 틀리게 쓴 글자를 찾아서 동그라미를 지우고 다시 쓸 수도 있다. 이렇게 하면 모르는 글자가 있어도 일기 쓰기에는 아무런 방해가 되지 않는다.

1996년 10월 1일 화요일. 맑고 굉장히 더웠다.
빵구 났던 일

이현아

나는 오늘 저녁에 공에 연필 가주고 찔렀다. 왜냐면 심심해서 구멍을 ⑳었다. 애라는 자서 내가 심심했던 거다.

빵구는 바람이 빠져 나온다. 그래서 내가 얼른 서랍에서 테이프를 꺼내 가주고 빨리 부쳤다. 그래서 부쳤는데도 조금 공이 헐렁헐렁한다.

나는 왜 그러는지 전⑳ 모른다.

"그럼 테이프를 내가 잘못 부쳤나?"

라고 생각을 하였다. 빵구가 안 났는 것처럼 되었으면 좋겠다.

(8시 10분→8시 30분)

'뚫' 자를 몰라서 '뚤' 자를 쓰고 동그라미를 했다. '젂혀' 가 떠오르지 않아서 '젂녀' 를 쓰고 '녀' 자에 동그라미를 했다. 물론 다른 글자도 틀린 것이 있지만 그것은 틀린 줄 몰랐으니 일기 쓰기에는 아무런 방해가 되지 않았다.

1996년 7월 15일 월요일. 맑고 더웠다.
수영장

장경철

오늘 1반, 2반, 3반이 수영장에 갔다. 수영장에서 튜브 타고 놀았다. 물이 차가웠다. 미끄럼틀도 탔다. 나는 수영을 조금밖에 못 한다. 여름 방학 때 와서 수영을 배우겠다고 생각을 했다. 나는 수영장 계단에서 미끄러져서 ㉠대기가 벗겨졌다. 그래도 참았다. 울라고 했는데 꾹 참았다. 80미터, 50미터, 30미터가 있었다. 미끄럼틀을 은희하고 내하고 같이 탔다. 너무 재미있었다. 맨날 맨날 수영장에만 갔으면 좋겠다.

'껍데기' 에서 '껍' 자는 바르게 쓰고 '대' 자는 틀리게 썼다. 경철이는 '껍' 자에 자신이 없었다. 그래서 바르게 써 놓고도 틀렸을 거라고 동그라미를 쳤다. 이래도 괜찮다. 문제는 '껍데기' 든 '겁대기' 든 '껍데기가 벗겨졌다.' 는 표현을 하는 데는 상관이 없다는 말이다.

2. 글감 고르기를 어려워할 때

글감 고르는 잣대에 대어 보고 글감을 골라 보라고 해도 터무니없이 고르거나 고르지 못해 끙끙거리는 아이들이 더러 있다. 이런 아이들은 왜 그럴까? 그 까닭은 어느 한 가지로 똑 부러지게 말할 수는 없다. 이런저런 까닭이 섞여서 나타난 결과다. 그러니 치료 방법 또한 간단하지가 않다. 설령 까닭은 하나라고 하더라도 해결 방법은 여러 가지로 생각할 수 있을 테니 복잡한 일이 아닐 수 없다.

글감 고르기를 잘 못하는 까닭은 크게 두 가지다.

첫째, 가만히 떠올리거나 생각하기 싫어하기 때문이다.

둘째, 삶이 없기 때문이다.

펄펄 살아 있는 아이들에게 삶이 없다는 말은 도대체 무슨 말인가? 삶이란 무엇인가? 하나부터 열까지 어른이 만들어 준 틀 속에서 기계처럼 살아간다면 그건 자기 삶이 아니다. 주는 것만 받아먹는 삶도 마찬가지다. 삶이 없으면 일기를 쓸 수가 없다. 쓸 거리가 없게 마련이다.

스스로 생각하고 계획하고 거기에 따라 몸을 움직이며 살아가면서 느끼고 깨닫고 하는 삶이 진정한 삶이다. 거기에는 어려움도 있어 그것을 극복하기도 하고 서툴러서 시행 착오도 겪고 하는 것이다.

삶을 바로 찾아 주기 위한 살아 있는 학급 운영이나 가정 교육 이야기까지 여기서 다 다룰 수는 없다. 그 이야기만 해도 책 한두 권 분량이 넘을 것이다. 그런 것은 일기를 지도하려는 사람들이 부지런히 그리고 천천히 나름대로 생각하며 다가갈 일이다.

자, 그러면 해결을 위해 작은 것부터 차분하게 생각해 보자.

아이와 단 둘이 찾기

누나와 놀기

나는 오늘 저녁때 누나하고 놀았다. 누나가 손을 들고 서 있으라고 해서 벌을 섰다. 누나는 선생님이고 나는 꼬마다. 누나가 공부를 시캐서 나는 하기 싫다고 했다. 그래서 재미가 없어서 안 놀고 딴 놀이를 하다가 엄마가 와서 방으로 들어갔다. 엄마가 씻으라고 해서 씻고 저녁을 먹었다. 저녁 먹고 텔레비를 봤다. 텔레비를 그만 보라고 해서 그만 봤다.

생각하기 싫어하는 아이다. 일깃감도 하루 일을 전부 생각한 것이 아니라 일기 쓰기 바로 전에 놀았던 이야기를 썼다. 늘았던 이야기도 깊이 생각하지 않고 대충 썼다.

이 아이 일기장에 이런 이야기를 써 주면 어떨까
"어제 길동이와 싸우던데 그 이야기는 일깃감이 될 수 없었니?
"어제 우리 교실에 어항이 깨져서 물난리가 났잖아. 그 이야기를 썼으면 어떨까?"
이런 글을 써 주려면 그 아이의 어제 하루 일을 알고 있어야 한다. 또 교실에서 쉴새없이 일어나는 일들을 잘 기억하고 있어야 한다. 특별히 기억하고 있지 않아도 반 아이들 일기를 다 읽고 나면 어제 교실에서 일어난 일이나 저희들끼리 어울려 지낸 일을 훤하게 알 수 있다. 그런 일기를 참고하여 글감 지도를 하면 된다.

아이와 단 둘이 어제 한 이야기를 나누어 보자

아이를 조용히 만난다. 어제 있었던 일을 다섯 가지만 이야기하게 한다. 중간에 끼여들어 도움을 주기도 한다.

"어제 점심 시간에 떠들다가 선생님에게 벌 섰잖니?"

"아참 맞다."

"집에 갈 때 있었던 일은?"

이렇게 해서 다섯 가지가 정해지면 간단하게 그 이야기를 해 보라고 한다.

"야, 그런 일도 있었어. 내 같으면 그 이야기를 쓰겠다."

이런 이야기를 나누다 보면 아이는 글감을 잘못 잡은 것을 알게 된다.

미리 일깃감을 교사와 함께 골라 보자

집에 가기 전에 불러서

"오늘은 무슨 이야기를 쓸래? 한 번 생각해 봐."

아이가 몇 가지를 이야기한다.

"그래 그게 좋겠다. 오늘은 그 이야기를 써 보아라."

위에 든 세 가지 방법을 아이들이 기꺼이 받아들일 수 있기 위해서는 반드시 필요한 조건이 하나 있다. 지도하는 사람이 아이 가까이 다가서서 따뜻한 눈으로 아이 삶을 보고 있어야 한다. 아이와 마음이 맞아야 한다는 말이다.

교실에서 다 함께 찾아 쓰기

일기 쓰기 공부도 다른 공부처럼 교실에서 다 함께 할 필요가 있다. 그래서 나는 가끔 함께 써 보는 시간을 갖는다. 이것은 글감 찾기 공부만 하기 위한 것은 아니다. 자세히 쓰기, 30분 이상 앉아서 쓰기, 겪어 보기와 같은 공부를 체계 있게 하기 위해서 이런 시간을 가끔 갖는다.

1996년 12월 2일 월요일. 아침에는 많이 추웠으나 낮에는 따뜻했다.
추운 날

손희영

오늘 아침에는 나는 책가방만 가져 나가려고 하니 어머니께서 잠바를 입고 가라고 하셔서 나는 방에 갈려고 하니 어머니께서 갖다 주셨다. 어머니께서 갖다 주시면서 장갑도 갖다 주셨다.

그래서 어머니께 인사를 하고 학교로 갔다. 육교 있는 데서 얼굴이 추웠다.

학교로 왔을 때 가방에서 수익과 일기장을 꺼내어서 내려고 할 때 선생님께서 장갑을 벗으라고 하셔서 장갑을 벗었더니 선생님께서 손을 만쳤다. 선생님께서 하시는 말씀은 손에 땀이 난다고 하셨다. 왜냐면 장갑을 끼고 있어서 그렇다.

선생님은 다른 아이들 손도 만쳤다. 그런데 다른 아이들은 땀이 나지 않았다. 선생님이 난로에 손을 뜨겁게 만들었다가 만쳤다.

선생님이 손을 만쳐서 나는 고맙다고 생각을 했다. 손이 얼면 글씨를 못 써서 선생님이 손을 만쳐 주시기 때문이다. 선생님이 손을 만치면서 내 손이 난로다 해서 나는 그걸 알았다.

수익과 일기장을 내고 자리에 왔다. (12시 5분→12시 35분)

1996년 12월 10일 화요일. 아침에는 추웠다.

서리 관찰

이지선

오늘 첫째 시간을 마치고 둘째 시간에 산에 갔다. 우리는 많이 갔다. 이름은 뒷산이라고 해야지. 뒷산에 올라갈 때 풀이 있는데 그걸 서리라고 하는데 그걸 관찰하려고 서리가 있는 줄을 들었다.

나는 돋보기가 없어 가지고 그냥 눈으로 보았다.

손으로 만지니까 조금조금씩 녹는다. 그것은 얼음 같고 솜과 같았다. 그런데 자세히 보고 있는데 우리 반은 계속 길을 걷고 있었다.

'선생님은 관찰했나 모르겠다.'

우리가 그전에 벼를 주웠던 곳이다.

나는 밭에 가자마자 서리를 관찰하려고 서리를 찾았다. 찾고 있는데 아이들은 얼음에서 놀고 있었다.

그런데 선생님은 벌써 돋보기를 가지고 관찰하고 있었다. 그래서 나는 서리를 찾으로 갔다. 걷고 있는데 서리가 있었다.

"선생님 저요."

"선생님이 관찰하는 걸 봤나?"

이런 소리가 들렸다.

나는 자세히 보았다. 꼭 눈 같았다. 설탕은 아닐 테고 솜이 아닐까? 생각을 했다.

은애가 나를 불렀다.

"지선아 뭘 하는데?"

"서리 관찰한다 왜?"

"우리 같이 관찰하자."

"그래 같이 하자."

그런데 서리를 찾아야지. 알았어. 서리를 찾고 있는데 선생님이 어디 갔다. 나는 선생님을 따라갔다. 은애와 나와 어깨동무를 하니까 좋았다.

오르막길에서 다 엎어졌다. 나도 엎어졌지만 이건 공부니까 꼭 가야지. 선생님은 어떤 길로 갈까 생각을 하다가 오른쪽으로 갔다.

보련이는 그기에 가만히 있었다. 선생님이 말했다.

"보련아. 밑으로 와."

보련이는 올라올라 하는데 나는 서리를 계속 찾았다. 보련이는 그냥 가만히 있었다.

나는 서리만 찾아서 관찰을 하고 있는데 보련이는 거기서 벌벌 떨면서 그냥 서 있기만 했다. 나는 그냥 보련이만 보았다.

보련이를 끌어 줄라 했는데 선생님이 호루라기를 불어서 생각이 바껴졌다. 나는 그래서 서리만 보았다. 서리만 보다가 현아가 보련이 이름을 불렀다.

"보련아. 내가 갈까?"

"고마워. 어 와 조."

희영이가 말했다.

"현아야. 내가 잡아 줄게."

그러고는 보련이 손을 잡아서 구해 주었다.

아직 다 쓰자면 오래 남았는데 선생님이 자꾸 그만 쓰라고 해서 그만 쓴다. (10시 30분→11시 27분)

학교에서 일기를 써 보면 아이들이 글감을 쉽게 잡고 아주 자세히 쓴다. 그래서 일기가 아주 길게 이어진다. 아이들이 쓰기 싫어하고 싫증을 낼 것 같지만 그렇지 않다. 자세히 쓸 때는 재미가 있어서 시간이 가는 줄도 모른다. 연필을 쥔 손이나 팔이 아파도 싫어하지 않고 팔을 들어 빙빙 돌리거나 손바닥에 난 땀을 쓱 닦고는 계속 쓴다. 바로 앞에 벌어진 이야기를 자세히 쓸 때는 절대로 싫어하지 않는다. '서리 관찰'을 쓴 지선이는 한 시간쯤 길게 쓰고도 시간을 더 주지 않는 선생님을 불만스러워했다.

학교에서 같이 쓸 때는 다 같이 쓸 일깃거리를 준 다음에 쓰도록 하는 것이 좋다. 무엇을 쓰라고 말해 주는 것이 아니라 꼭 쓸 만한 일을 함께 겪도록 한 다음에 쓰자는 말이다. 이를테면 무엇을 재미있게 만들었다거나, 가까운 뒷산에 가서 놀다 왔다거나 했을 때가 좋다. 이 때 주의할 일은 일기를 쓰기 위해서 뒷산에 간다거나 일깃감을 만들기 위해서 재미나는 놀이를 한다는 것을 모르게 해야 효과가 있다. 일기를 쓰기 위해서 어떤 일을 한다고 미리 알려 놓으면 그것에 대한 재미가 줄어들기 마련이다. 그냥 재미있게 놀거나 어떤 일을 열심히 한 뒤에 갑자기 생각이 난 것처럼 일기를 쓰자고 하는 게 좋다.

그러나 글감 고르는 공부를 함께 하기 위해서 학교에서 일기를 쓸 때는 다르다. 이 때는 아주 뚜렷한 일이 없는 것이 오히려 더 나을 수도 있다.

학교에서 일기를 쓰면 쓸 거리 고르기, 겪어 보기 따위를 함께 할 수 있다. 말로는 도저히 이해가 잘 안 되는 아이들은 이 때 아주 쉽게 글감 고르기, 겪어 보기를 배우게 된다.

또 학교에서 함께 일기를 써 보면 누가 어느 정도 부모 도움으로 일기를 쓰고 있는지 알 수도 있고, 혼자 일기를 써야겠다는 마음도 갖게 해 줄 수 있다.

교실에서 일기를 함께 쓰는 차례는 이러하다.

- 먼저 적어도 두 시간 정도의 시간을 마련해야 한다. 글감을 함께 고르고 글감에 대한 이야기도 하고 겪어 보기도 하고 하려면 그 정도 시간이 필요하다. 그러니까 1학년 같으면 적어도 셋째 시간에는 시작해야 한다.

- 일기 공책 위쪽에 지금 시간을 적어 둔다. 그 다음 날짜를 함께 쓰고 날씨에 대한 이야기를 나눈다. 날씨는 자기 나름대로 판단해서 쓰는 것이지만 날씨를 자세히 쓰는 공부를 하기 위해서 의논을 해 보도록 하는 것도 괜찮다. '아침에는 비가 조금 나렸는데 지금은 해가 났다.' '아침에는 쌀쌀하더니 지금은 덥다.' 이처럼 의견이 모아지면 교사가 칠판에 써 놓는다. 아이들은 그대로 쓸 수도 있고 거기에 더 보태어 쓸 수도 있다.

- 다음은 글감 고르기다. 조용히 눈을 감고 아침부터 그 때까지 있었던 일을 하나하나 떠올려 본다. 이거다 싶은 게 있으면 공책 아래쪽에나 위쪽에 아니면 다른 종이에 쭉 써 놓도록 한다. 이 때 몇몇 아이들에게 고른 글감을 발표하게 하여 교사가 적극으로 끼여들어 도움을 준다. 글감 고르기 공부를 이렇게 한두 번 해 보는 것이다.

- 다음은 겪어 보기다. 일기를 생생하게 쓰게 하려면 이 시간이 가장 중요하다. 겪어 보기를 하는 방법은 앞에서 밝힌 대로 아주 꼼꼼하게 하도록 한다. 겪어 보기를 할 때는 몸동작도 하고 중얼거려 보게 한다. 아이들이 겪어 보기를 할 때는 그 모습을 자세히 살피면서 지켜 본다.

- 다음은 쓰기다. 아이들마다 쓰기 시작하는 시간도 다르고 쓰는 태도도 다르다. 오랫동안 겪어 보기를 하는 아이도 있고 금방 써 내려가다가 다시 겪어 보기를 하는 아이도 있을 수 있다. 또 짧은 시

간에 쓰기를 끝내 버리는 아이도 있고 굉장히 긴 시간에 걸쳐 쓰는 아이도 있다. 이 때 빨리 끝낸 아이들이 시끄럽게 떠들어서 열심히 쓰고 있는 아이들을 방해하지 않도록 한다. 다 쓴 아이들은 조금 싫더라도 자기가 쓴 글을 다시 찬찬히 읽게 한다던가, 아니면 조용히 책을 읽게 하거나 다른 활동을 하도록 이끌어 준다.

• 다 썼으면 시작할 때 미리 써 두었던 시작 시간과 끝낸 시간을 쓴다. 교실마다 커다란 벽시계가 있으니까 시간을 재어 쓰는 데는 어려움이 없다.

이런 방법을 집에서 그대로 써 먹는다면 부모님이 아이들에게 일깃거리를 만들어 주고 곁에서 지켜 보며 쓰도록 하는 것이 되겠는데, 조금 생각을 해서 써 먹어야 한다. 곧 일깃감을 주기 위해 어떤 뜻있는 일을 아이와 같이 하는 것이 좋다. 그런데 문제는 아이가 일기를 쓰고 있는 동안에 내내 지켜 보는 일은 일기를 쓰는 아이에게 부담이 될 수 있다. 교실에서는 여러 아이를 상대해서 지도하는 것이어서 부담보다는 오히려 도움이 되지만 부모는 간섭하는 일이 되고 만다.

"조금 전에 우리 산에 놀러 갔다 온 이야기를 쓰면 좋겠다."

이렇게 쓸 거리 정도 말해 주고는 곁에서 아이가 일기를 쓰고 있는 것을 일삼아 지켜 볼 것이 아니라 아이 둘레에서 무심하게 다른 일을 하는 것이 좋다. 아이가 열심히 쓰다가 떠오르지 않는 것을 물을 때 성실하게 도움말을 해 주면 되겠다.

교사가 글감을 어느 정도 골라 주기

하루를 마칠 때 교사가 일깃감 여러 개를 골라서 칠판에 써 준다

아이들과 함께 이야기를 하면서 일깃감을 서너 개 고른 다음 고른

일깃감을 다 같이 이야기해 본다. 칠판에 써 놓고 아이들은 그것을 알림장에 쓴다. 집에 가서 그 이야기 가운데 하나를 골라 일기를 쓴다. 다른 것을 골라 써도 된다.

이것은 물론 억지스런 방법이다. 비상 조치인 셈이다. 마지막에 '다른 것을 골라 써도 된다.'로 숨통을 열어 놓는 것을 잊지 말아야 한다.

일깃감 고르는 폭이나 방법을 한정해 준다
- 집에 가면서 있었던 이야기
- 저녁 먹으면서 식구들과 나눈 이야기
- 돋보기로 무엇을 살펴보고 쓰기
- 사생글 쓰기
- 재미있는 숙제를 내어서 그걸 일기로 쓰기

우리 반에서는 토요일마다 재미있는 숙제를 내준다. 주로 자연에서 찾아보고 겪어 보는 것으로 내준다. 아이들은 이 재미있는 숙제를 무척이나 좋아한다. 재미있는 숙제를 한 날은 그 이야기를 일기로 쓰도록 약속이 되어 있다. 일기 쓸 거리가 생기게 된 것도 좋아하는 까닭이다. 그런데 재미있는 숙제는 일깃감을 위해서만 하는 것이 아니다. 그러니 주말마다 해 보기를 권한다. 재미있는 숙제를 한 다음 쓴 글을 몇 편 읽어 보자.

1996년 12월 15일 일요일. 아침에는 추웠으나 낮에는 끔이 났습니다.
재미있는 숙제

김민정

밤에 아버지, 어머니, 나, 동생 민지 발바닥을 그렸다. 재미있는 숙제는 재미있게 하는 숙제다.

발바닥 그릴 준비는 연필, 도화지만 있으면 된다.

어머니 발바닥은 컸다. 어머니 발바닥 그릴 때 어머니께서 말씀하셨다.

"간지럽다."

라고만 했다. 아버지 발바닥은 어머니 발바닥보다 더 컸다.

"아빠 발이 더 크재."

아버지가 말씀하셨다.

동생 발바닥은 되게 작았다. 그런데 그렇게 작은 것은 아니다.

"아! 간지럽다 언니야 빨리 그려라."

민지가 말하였다.

나는 민지보다 더 컸다.

"아! 간질럽다. 빨리 그려야 되겠다."

내가 말하였다. 나는 재미있는 숙제가 재미있다. 재미있는 숙제니까.

1996년 9월 8일 일요일. 맑고 보통이다.

봉숭아

이현아

오늘 저녁에 봉숭아 물을 들였다. 재미있는 숙제가 봉숭아 물 들여 오기가 숙제였다.

봉숭아를 찧어서 손톱에 얹었다. 비닐 봉다리를 뜯어서 그 위에 덮었다. 비닐 봉다리는 봉숭아를 흐르지 않게 막아 주었다. 이제 실로 묶었다. 그래 가지고 몇 시간을 지내니까 이제 색이 들었다. 너무 귤색이었다. 너무 예뻤다.

애라하고 내하고 엄마하고 하였다. 숙제가 너무 쉽고 재미있었
다.

1996년 12월 1일 일요일. 눈.
재미있는 숙제

진제완

오늘 재미있는 숙제를 했다. 그리고 재미있는 숙지가 겨울 찾기였
다. 그래서 겨울 찾기를 해 보았다. 겨울 찾기는 정말 하기 쉽다. 마
당에 있는 눈 그리고 우리 아버지 차 밑에 있는 고드름, 그리고 얼
음. 그래서 동생과 눈으로 눈사람을 만드는데 눈이 꽁꽁 얼어서 눈
사람을 못 만들었다. 그래서 눈으로 장난을 치다가 집 안으로 들어
오니까 어머니께서 말씀하셨다. 눈길에서 뛰지 말고 조심해서 걸어
야 한다고 말씀해 주셨는데 교회로 가서 놀다가 화장실에 뛰어가서
얼음에 미끄러져서 턱이 다쳤다. 그리고 턱에서 피가 났다. 그래서
어머니 말씀을 잘 들어야 되겠다고 생각했다. (5시 14분→6시)

3. 아이들이 갑자기 대충대충 쓸 때

일기 쓰기를 지도하다 보면 얼마 동안은 일기 쓰기 방법을 잘 익혀서 쓰지만, 이상하게도 어느 때는 반 전체 아이들이 약속이라도 한 듯이 일기 쓰기가 그만 느슨해져 버린 느낌이 들 때가 있다. 마치 주기가 있기라도 한 것 같다.

이럴 때는 스스로 자기 일기를 평가해 보게 하는 것이 굉장한 효과가 있다. 여기서는 교실에서 전체 아이를 두고 하는 방법을 소개하겠다. 학부모가 집에서 한두 아이를 두고 하는 방법도 이와 똑같다.

먼저 자기 평가를 할 시간을 마련한다. 전날에 쓴 일기(전날 일기를 쓰지 않은 아이는 가장 최근 일기)를 평가 대상으로 삼는다. 평가할 잣대를 적은 종이를 복사해서 나누어준다.(칠판에 적어 줄 수도 있음) 평가할 일기를 잣대에 하나하나 대어 보면서 평가를 해 나간다. 잘 되었다고 생각되면 '예', 잘못했다고 생각되면 '아니오'라고 답하게 한다.

평가 잣대
• 날씨를 자세히 썼는가?
• 글감을 세 개 골라서 적었는가?
• 글감 고르는 세 가지 잣대에 맞는가?
• 때를 자세히 밝혀서 썼는가?
• 장소를 정확히 썼는가?
• 겪어 보기를 하고 썼는가?

- 자세히 썼는가?
- 주고받는 말은 살려 썼는가?
- 시작할 때 첫 칸은 띄우고 썼는가?
- 말이 안 되는 곳은 없는가?
- 어려운 한자말이나 서양말을 쓰지 않았나?
- 문단은 나누어 썼는가?
- 문장 부호를 맞게 썼는가? (마침표 따위)
- 글씨는 줄이나 칸을 벗어나게 쓰지나 않았는가?
- 마지막에 일기 쓴 시간이 적혀 있는가?
- 일기는 집에 가자마자 썼는가?
- 일기를 30분 이상 앉아서 썼는가?
- 일기를 쓴 뒤에 읽어 보았는가?

위에 적어 놓은 잣대에 비추어 평가가 끝나면 아이들은 서로 대어 본다. 점수가 높게 나오면 자랑도 하지만 낮은 점수가 나왔다고 주눅 들지는 않는다. 자기 스스로 매긴 점수니까 그렇다.

이 잣대에서 크게 벗어나지 않는 테두리 안에서 학년에 따라 그 정도를 조금씩 달리할 수도 있고 잣대를 더 넣거나 뺄 수도 있다. 예를 들면 1학년 같으면 '혼자서 썼는가?' 와 같은 잣대를 더 넣어도 되겠다.

평가를 하면서 아이들은 알고 있으면서도 소홀히 했던 것을 새삼스럽게 깨닫는다. 이 방법은 일기 쓰기가 느슨해졌을 때 하면 효과가 크지만 그렇지 않을 때도 종합 지도 방법으로 가끔씩 해 볼 만하다.

다음 일기를 두고 한 번 평가해 보자.

1996년 11월 5일 화요일. 아침에는 비가 왔으나 낮에는 비가 안 오고 덥다.

미끄럼틀, 김치 담그기, 약국 아저씨

김치 담그기

김민정

학교에 갔다 와서 놀고 있는데 어머니께서

"김치 담그는데 도와 줄래."

"네."

나와 어머니가 말을 하였다. 먼저 파를 다듬었다. 나는 도와 드렸다. 그런데 색깔이 두 색이다. 위에는 하얀색 밑에는 녹색이다. 어떻게 다듬으냐면 위에 줄기가 있다. 그걸 칼로 자르면 된다. 하얀 것에 껍데기가 있다.

하얀색 밑에 껍질카는 게 있다. 뭐 어떻게 까나 하면 껍질카는 것을 위로 싹 땡기면 된다.

생강은 어떻게 까는지 모르겠다.

당근은 밑으로 쭉쭉 하면 된다. 뭘 하면 돼냐면 칼로 쭉쭉쭉 하면 된다. 거기서부턴 모른다. 왜냐면 어머니께서 김치 담글 때가 되면 부른다고 해서 놀았기 때문이다.

김치를 담그로 가는데 민지가 내 신발을 뺏아갔다. 민지가 누구냐면 내 동생이다. 그래서 어머니 쓰리빠를 신고 갔다.

나는 그냥 배추를 어머니한테 주기만 했다. 왜냐면 나는 김치를 못 담아서 배추를 주기만 했다. 어머니께서 "참 잘했다."라고 칭찬을 해 주셨습니다. (8시→8시 50분)

평가한 내용

아래 내용은 아이와 평가하면서 주고받은 얘기를 정리한 것이다.

▶ 날씨를 자세히 썼는가? (예)

　비가 오다가 그친 것이며 다시 더워진 것까지 자세히 썼다.

▶ 글감을 세 개 골라서 적었는가? (예)

　세 개를 골라서 견주어 보고 '김치 담그기'로 정해서 썼다.

▶ 글감 고르는 세 가지 잣대에 맞는가? (예)

　첫 번째 잣대인 누구에게 들려 줄 만한 이야기다.

▶ 때를 자세히 밝혀서 썼는가? (예)

　'학교에 갔다 와서'라고 자세히 밝혀 썼다.

▶ 장소를 정확히 썼는가? (아니오)

　어디서 놀고 있었는지 그 장소를 정확히 쓰지 않았다.

▶ 겪어 보기를 하고 썼는가? (예)

　타임머신을 타듯이 자세히 겪어 보았다. (이것은 자기 스스로 일
　기 쓸 때를 기억해 보면 안다.)

▶ 자세히 썼는가? (예)

　파 모양, 파를 다듬은 일, 당근 다듬은 일들을 아주 자세히 썼다.

▶ 주고받은 말은 살려 썼는가? (예와 아니오 중간)
주고받은 말이 들어가기는 했지만 파와 당근을 다듬으면서 한 이야기가 중요한데 그걸 빠뜨렸다.

▶ 시작할 때 첫 칸은 띄우고 썼는가? (예)
첫머리 '학교'를 한 칸 띄우고 썼다.

▶ 말이 안 되는 곳은 없는가? (예)
앞뒤 말이 틀리거나 무슨 말인지 모를 문장은 없다.

▶ 어려운 한자말이나 서양말을 쓰지 않았는가?(예)
쓰지 않았다.

▶ 문단은 나누어 썼는가? (예)
잘 나누어 썼다.

▶ 문장 부호를 맞게 썼는가? (마침표 따위) (예와 아니오 중간)
마침표 가운데 온점(.)은 정확히 잘 썼으나 '김치 담그는데 도와줄래.'에서 물음표를 써야 하는데 온점을 찍었다.

▶ 글씨는 줄이나 칸을 벗어나게 쓰지 않았는가? (예)
글씨를 바르게 잘 썼다.

▶ 마지막에 일기 쓴 시간이 적혀 있는가? (예)
8시에서 8시 50분까지 썼다고 적었다.

▶ 일기는 집에 가자마자 썼는가? (아니오)

8시 넘어서 썼으므로 저녁을 먹고 썼다.

▶ 일기를 30분 이상 앉아서 썼는가? (예)

50분 동안 썼다.

▶ 일기를 쓴 뒤에 읽어 보았는가? (예)

읽어 보고 한두 군데 고쳤다.

민정이는 이 평가를 하면서 잘하는 것에 대해서는 더욱 만족감을 가질 수 있게 된다. 그래서 더욱 잘 살려 써야겠다는 마음을 갖는다. 반대로 잘못 쓴 것도 아주 자연스럽게 알아차리게 된다. 다시 쓴다면 '학교에 갔다 와서 놀고 있는데' 라고 쓰지 않고 '학교이 갔다 와서 동생 민지와 대문 바로 앞 흙더미에서 놀고 있는데' 로 쓰겠다는 생각을 하게 된다. 맞아, 파를 다듬으면서 "내가 더 대장 파다. 엄마 파는 아기 파다." 하는 말도 했지 하고 기억을 더듬어 보기도 할 것이다. 이 평가는 옆짝과 함께 할 수도 있고 교사나 부모가 도와 주면 더욱 좋다.

4. 시, 편지, 독후감 같은 일정한 틀로만 쓰려고 하는 아이

　일기를 시처럼 쓰든 편지투로 쓰든 독후감 형식으로 쓰든 그건 일기를 쓰는 아이들 마음이다. 그러나 우리는 여기서 조심해야 할 것이 있다. 1학년 아이에게 일기를 시로 쓰라고 권할 필요는 없다. 권할 것이 아니라 그렇게 쓰지 않도록 말려야 한다.

　1학년 아이는 시가 무엇인지 잘 모른다. 시처럼 쓰는 아이도 시가 무엇인지를 알아서 쓰는 것이 아니라 틀림없이 어디에서 본 것을 옮겨 썼거나 비슷하게 흉내낸 것이다. 그것도 살아 있는 시가 아니라 거의 말장난에 가까운 것을 흉내낸다.

　이렇게 시 비슷하게 쓰는 것을 그냥 내버려 두면 일기를 아예 그렇게 쓰는 버릇이 들어 걸핏하면 시 흉내를 낸다. 진지하게 정성껏 쓰지 않고 대충대충 간단히 쓰는 버릇만 심어 주는 꼴이 되기 쉽다. 이런 버릇은 일기만 망치는 것이 아니라 나중에 시 쓰기 공부에도 나쁜 영향을 준다. 1학년뿐만 아니라 고학년도 마찬가지고 어른들도 마찬가지다. 시가 쓰고 싶어서 일기장에 쓰는 것이야 말릴 까닭이 없다. 그러나 일기 자리에 시를 쓰게 할 필요는 전혀 없다.

　1996년 7월 1일 월요일. 맑고 더웠다.
　나무

　　　　　　　　　　　　　　　　　　　　　　　성진아

　나무는 나무는
　멋쟁이

봄에는
파릇파릇 새싹 치마

여름에는
푸릇푸릇 초록 치마

가을에는
알록달록 단풍 치마

겨울에는
하얀 흰 치마

나무는 나무는
언제나 멋쟁이

도움말 :진아야. 일기를 이렇게 시로 쓰지 말고 있었던 일을 그대로 써 봐라. 우리 얼마 전에 배운 것처럼 말이다. 그렇게 할 수 있겠지?—예.

1996년 7월 2일 화요일. 맑고 덥다.

성진아

오늘 학원 갔다 와서 현아 집에 갔다. 현아 집에서 우리 집에 전화를 할라고 할 때 현아 어머니 아버지 방에서 전화를 할라고 할 때 현아가 내한테 이렇게 말을 했다. "진아야, 안방어 문이 잠겼어."

이렇게 말을 했다. 그래서 현아하고 현아 동생하고 나하고 엄마 놀이를 했다. 나는 엄마고 현아 동생은 아기고 현아는 학원 선생님이다. 그래서 현아가 자기 동생을 공부 가르치고 나는 밥 준비를 하였다. 그리고 현아 동생을 데리로 학원에 갔다. 그런데 현아 동생이 현아한테 공부를 하고 있었다. 나는 그래서 빨리 하라고 했다. 2~3시간 놀고 비가 와서 현아는 자기 어머니 있는 식당으로 가고 나는 비를 맞으면 집으로 돌아왔습니다.

도움말 : 그래 이렇게 쓰는 거다. 진아가 현아 집에서 놀았던 일을 그대로 보는 듯하구나. 정말 자세히 잘 썼다.

일기를 쓴 첫날 남의 시를 흉내낸 진아가 그런 글을 못 쓰게 하니까 이튿날부터 이렇듯 좋은 일기를 썼다. 아이들에게 일부로 시를 쓰라고 하지 않아도, 시를 공부하지 않아도 때에 따라서는 아주 살아 있는 시를 쓴다. 흉내를 낸 시가 아니라 감동이 진한 시를 쓰기도 한다. 이는 일기를 시로 쓰지 말라고 했을 때만 가능한 것이다. 다음 글을 한 번 보자.

1996년 11월 24일 일요일. 맑고 추움.
들판

이은희

나는 숙제하려고 들판에 나갔다. 누구하고 갔냐면 내 혼자 갔다. 언제 갔냐면 점심을 먹고 갔다. 들판을 보니깐 허수아비가 있었다. 그리고 들판에는 공기도 좋다. 상쾌하다.

허수아비는 피곤하겠다. 왜 맨날 서 있으니깐. 오늘은 그냥 들판에 나가는 것이 숙제다.

1996년 9월 10일 화요일. 덥다.
방아깨비

진제완

오늘 낮에 길이 형아야 집에서 큰 방아깨비 두 다리를 잡고 작은 방아깨비 두 마리를 잡았다. 내가 큰 방아깨비를 작은 방아깨비에게 대이게 해 보니까 큰 방아깨비가 작은 방아깨비를 보듬어 주는 것 같다. 발로 자꾸 보듬어 주었다.

우리 어머니도 내가 귀여워서 매일 보듬어 주시는데 방아깨비도 새끼가 귀여운갑다.

1996년 11월 17일 일요일. 흐림.
파리

김민화

오늘은 파리를 보니까는 앞발로 잘몬했습니다 하는 것처럼 싹싹 빌었다. 또 뒷발로 또 싹싹 빌었다. 음식에 붙었던 것을 잘몬했다고 싹싹 빌었다.

1996년 10월 24일 목요일. 맑고 굉장히 더웠다.
애라가 잠자는 모습

이현아

오늘 오후에 애라는 색칠을 하고 나는 숙제를 하렸다. 그런데 애라가 색칠을 하다가 잠들었고 말았다. 내가 잠자는 모습을 보았다. 내 동생이 잠자는 모습은 참 귀엽다. 내가 귀여워서 뽀뽀를 해 주었

다. 그래도 애라는 모르고 잤다. 입이 약간 움직이다가 손도 꼼짝꼼
짝했다. 나는 애라가 깨었는 줄 알았는데 아니고 계속 잤다.

　'내 동생은 항상 귀엽게 잔다니까!'

　내 동생은 이제 내 말을 잘 듣는다. 옛날에는 내 동생이 못 들었
는데 요즘에는 말을 잘 듣는다. 내 동생이 자는 모습은 참 귀엽다.
숙제를 다 하고 일기를 다 써도 아직 동생은 잔다.

　(4시 55분→5시 15분)

　1996년 12월 14일 토요일. 굉장히 춥다.

　달

　　　　　　　　　　　　　　　　　　전유리나

　오늘 내 방 청소를 하고 쓰레기를 버릴라고 밖에 나가니 달이 떠
있었다. 동그란 달이 아니고 한 쪽은 없어졌고 한 쪽은 있고 별도
반짝반짝 빛났다. 달이 ♡ 이렇게 있었다.

　별이 ✫ 이렇게 안 되어 있고 동그랗게 보였다.

　아까 전에 그 달을 자세히 보니 동그란 달 같았다.

　달이 빨가벗고 추운 날씨에 어떻게 혼자 나날을 보낼까? 별도 빨
가벗고 추운 날씨에 어떻게 혼자 나날을 보낼까?

　(7시 40분→8시 5분)

　이 일기들은 아주 좋은 시다. 일기를 시로 쓰겠다고 했다면 이런 시
가 나오지 않는다.

　다음은 편지로 쓴 일기를 보자.

　1996년 9월 16일 월요일.

선생님

나은애

나는 저녁을 먹다가 엉엉 울었다. 선생님 얼굴이 생각나서 학교 가기 싫었다. 어머니는 왜 그냐면서 물으셨다. 나는 진호와 경훈이가 만들기 시간에 은애야 니는 하지 마라고 해서 그냥 앉아 있었는데 선생님께서 나를 뭐라고 그랬다. 어머니께서는 그러면 일기장에 그 이야기를 쓰면 선생님께서 너의 마음을 알아 줄 것이라고 했다.

선생님 저는 선생님이 무서워요. 친구들이 못 하기 했는데 선생님이 나를 야단 치지 마세요. 무서워요. (8시 20분→9시 10분)

도움말 : 아이구 그랬구나. 미안하다. 그런데 은애야, 경훈이와 진호가 왜 못 만들게 했을까?

1996년 9월 10일 화요일.

청소

손희영

나는 학교를 마치고 2분단 청소를 해야 되는데 현아와 우리 집에 놀러 간다고 청소를 모르고 안 하고 갔다.

저번에 윤기영하고 박초록도 청소를 안 해서 선생님에게 야단을 맞았다. 그래서 나도 야단 맞을까 망설인다. 그래서 선생님에게 편지를 쓰겠다. 선생님이 용서를 해 주는지 용서를 하 주시면 좋겠다.

선생님 용서해 주세요. 모르고 청소 안 했어요. 현아가 그래서 생각이 났어요. 다음에는 청소를 할 때 집에 안 잊어뿌고 가겠습니다.

도움말 : 그럴 수도 있지. 2분단 아이들에게 잊어서 미안하다고 그

래라.

　1학년 아이들은 편지투로 일기를 쓰는 경우가 가끔 있다. 이것은 일기를 여러 가지 형식으로 다양하게 써 보자고 해서 그런 것이 아니다. 그렇게 해서는 좋은 일기가 되지 못한다. 편지투를 빌려서 쓰는 아이는 누구에게 꼭 할 말이 있을 때 하지 않고는 못 배길 때 쓴다. 그것도 처음부터 편지투로 쓰지 않고 앞부분에는 왜 내가 편지를 쓰는가를 반드시 밝히고 뒷부분에 꼭 하고 싶은 말을 간단하게 쓰게 된다.

　은애 일기에서 나온애 어머니가 '선생님에게 하고 싶은 말이 있으면 일기장에 편지로 써라'고 한 것은 일기 지도를 아주 잘한 것이다. 편지투로 쓴 아이 일기는 그 밑에다 반드시 그 편지에 대한 답장을 써 주도록 하는 것이 좋다. 일기장은 검사를 하는 것이 아니라 이렇듯 대화하는 자리가 되면 좋겠다. 교사만 도움말을 써 주는 게 아니라 부모님도 함께 도움말을 써 나가면 더 좋다.

　　1996년 11월 12일 화요일. 맑음.
　　알프스 소녀 하이디
　　　　　　　　　　　　　　　　　　　성진아
　하이디는 알름산에서 할아버지와 즐겁게 살고 있었습니다. 어느 날 하이디는 옆집 페터와 염소를 산에 데리고 가서 염소들에게 싱싱한 풀도 먹였습니다. 산에 갔다 오면 페터집에 꼭 갔습니다. 할머니는 나이가 많아 앞을 못 보고 합니다.

　상냥한 하이디는 재미있는 이야기도 들려 주고 빵도 갖다 주고 했습니다. 그런데 어느 날 큰일이 벌어졌다.

　데이 이모가 불쑥 찾아와서 하이디를 프랑크푸르트에 데리고 가겠다고 하였다. 그래서 데이 이모와 할아버지가 큰 싸움이 일어났다. 화가 난 할아버지는 획 밖으로 나갔다. 하이디를 데리고 갔다. 하이디가 불쌍했다. 도착하자 하이디는 이모를 따라 큰 저택에 갔습니다. 이 집 딸은 클라라는 어머니가 안 계시는 데다가 다리가 약해 걷지 못했다. 많이 읽었는데 여기서 끝. (6시 55분→7시 50분)

1996년 11월 29일 금요일. 아침에는 추웠으나 낮에는 덥다.
옛날 이야기

이지선

오늘 저녁에 식구들에게 책을 읽은 이야기를 해 주었다. 어떤 이야기를 했느냐 하면 옛날 이야기 책을 읽은 이야기를 했다. 무서운 이야기라고 언니가 말했다.

옛날 삼 형제와 새어머니가 살고 있었다. 그러던 어느 날 새어머니가 첫째보고 뼈다귀를 먹으라고 하였다. 그 후 첫째는 보이지 않았다. 그런 뒤 새어머니가 창고 문을 열지 마라고 달하며 시장을 갔다.

며칠이 지나자 새어머니는 둘째를 불러 놓고 뼈다귀를 먹으라고 하였다. 그러자 둘째는 뼈다귀를 지붕 위로 던졌다.

새어머니가 와서 뼈다귀를 먹었나 물었다. 그러자 둘째는 먹었다고 거짓말을 했다. 그러자 지붕에서 뼈다귀가 내려왔다. 새어머니는 화가 나 둘째에게 뼈다귀를 억지로 먹였다. 그 후 둘째는 보이지 않았다.

셋째와 새어머니는 시장을 다녀오는 길에 버드나무를 보고 새어머니가 무서워하였다. 밤에 어머니가 뼈다귀를 먹으라고 했다. 셋째는 시장에서 많이 먹었다며 내일 먹기로 하였다. 셋째는 자기도 언니처럼 당할까 봐 겁이 났다. 좋은 생각이 떠올랐다.

셋째는 밖에 나가 버드나무 가지를 잔뜩 가져와 집 안에 뿌렸다. 아침에 비명 소리가 들리자 새어머니 방으로 가 보았더니 새어머니가 구렁이로 변해 있었다. 막내는 창고 쪽으로 가 보니 언니들이 나와 막내에게 고마워했다. 삼 형제는 행복하게 살았다.

(6시 55분→8시 50분)

1996년 10월 4일 금요일. 맑고 굉장히 더웠다.

책을 읽었던 일

이현아

나는 오늘 저녁에 책을 읽었다. 무엇을 읽었냐면 '사람은 무엇으로 사는가'를 읽었다.

나는 책에 낙서를 했다. 왜 낙서를 했냐면 너무 심심해서 했다. 읽으니까 너무 마음이 답답하였다. (7시 10분→7시 20분)

아이들은 책 읽은 이야기도 곧잘 쓴다. 그냥 무슨 책을 읽었다고 쓰는 아이도 있고 읽은 이야기를 자세히 쓰는 아이도 있다. 그런데 줄거리를 간추려 쓰거나 느낌을 쓰기에는 1학년 아이들인지라 무리가 있다. 그래서 읽은 이야기를 자세히 쓰다가 중간에 그만 쓰는 경우도 있는데 어쩔 수 없는 일이다. 차츰차츰 가장 재미있었던 대목을 쓰게 되고 나름대로 간추려 쓰기도 한다.

그런데 문제는 아이들에게 너무 책 읽기를 강요해서는 안 된다는 것이다. 현아도 책 읽기를 좋아하는 편인데 여기서 그만 수준에 맞지 않는 어려운 책을 읽은 모양이다. 그러니까 책을 읽으면서 심심해서 낙서도 하고 마음이 답답하다고 했다.

그냥 아이들에게 책을 읽으라고만 할 것이 아니라 아이들이 책을 읽을 수 있는 방법을 생각해야 한다. 책은 많이 읽는 것보다는 좋은 책을 읽어야 한다. 좋은 책이란 어떤 것인가 하는 것은 그 기준을 정하기가 쉽지 않고 또 기준이 정해졌다고 하더라도 기준에 적합한 책을 찾는 일도 쉽지는 않다. 이는 아이들에게 책을 읽으라고 닦달하는 노력만큼 부모님들이나 선생님이 꾸준하게 공부할 일이다.

또 책을 읽었으면 그것을 독후감 같은 글로 쓰기에 앞서 식구들에게 이야기를 해 볼 수 있도록 하는 것이 좋다. 미리 아이와 이런 약속을 해 두는 것은 어떨까?

책을 한 권 다 읽고 나면 책거리라는 가정 행사를 갖는데 거기에서 아이가 책에 대한 이야기를 한다. 이야기는 아이가 마음대로 하게 둔다. 책 내용을 이야기해 주듯이 쭉 할 수도 있고 특히 재미있었던 대목이나 감동 받은 이야기를 할 수도 있다. 물론 이 행사를 거듭하면서 자연스럽게, 꼭 짚고 넘어갔으면 하는 것에 대해 어른이 질문을 하여 생각을 넓혀 가도록 할 수도 있다.

그렇게 하려면 책을 읽고 발표를 하는 아이보다 앞서 어른이 읽어 두어야 함은 물론이다. 그런데 이 행사에 빠져서 안 되는 게 있는데 식구들이 함께 나누어 먹을 음식이다. 아이가 좋아하는 별식이면 더 좋겠지. 이렇게 되면 자리가 딱딱하지 않아서 좋다.

1학년 아이들이 처음 읽을 책으로는 옛 이야기 책이 알맞다. 옛 이야기는 우선 아이가 재미있게 읽을 수 있고 읽은 뒤에 이야기를 들려주기도 쉽다.

책을 읽고 그 내용을 일기장에 써 보는 일은 책을 읽고 난 뒤의 활동으로도 좋고, 일기 쓸 거리를 넓혀 준다는 쪽으로 봐서도 좋다. 그렇지만 앞에서도 이야기했지만 일기에 시, 편지, 주장하는 글, 설명문,

감상문 따위를 쓸 수는 있으나 일부러 그렇게 쓰도록 이끄는 지도는 하지 않았으면 좋겠다.

5. 학부모와 교사의 지도 방법이 다를 때

일기는 아이가 쓰지만 교사와 학부모가 일기에 대한 생각이 전혀 다르면 문제가 된다. 이런 고민은 교사들에게도 있지만 학부모 쪽에서 걱정이 더 많다. 방법을 이야기하기에 앞서 바른 일기 쓰기에 대한 믿음이 있어야 한다. 흔들리지 않는, 차돌보다 더 단단한 믿음이 없으면 헤쳐 나갈 수 없다. 그런 다음에 고민을 하고 방법을 찾아야 한다.

교사 쪽에서

교사는 확실한 믿음을 가지고 일기 쓰기 지도를 하고 있는데 학부모 쪽에서 아이 일기를 대신 써 주기도 하고 글자 몇 자 틀린 것에 안달이 나서 국어 공부를 하는 경우가 흔히 있다. 어려운 문제 같지만 해결책은 그리 어렵지 않다. 일기 교육은 아무래도 교사가 이끌어 가고 있기 때문이다.

역시 먼저 일기에 대한 자기 믿음을 알려야 한다. 알리는 방법은 여러 가지가 있다. 가장 손쉬운 것이 가정 통신문이다. 가정 통신문은 교사가 학부모 전체에게 보내는 것인 만큼 한두 사람의 눈치를 볼 필요 없이 확고한 소신을 밝힐 수 있다. 일기를 두고 교육에 대한 자신의 생각, 일기를 보는 눈, 일기의 필요성, 일기 쓰기를 지도하는 방법, 학부모들이 해야 할 일 따위를 자신 있게 써서 보낸다. 그리고 그때그때 형편에 따라서 부탁도 할 수 있다.

이를테면 학부모가 일기에 쓴 글자를 자꾸만 고치게 한다 싶으면 일기 쓰기는 국어 공부로 해서는 잘 쓰게 할 수 없다는 이야기를 설득력 있게 써 보낸다.

그런데 아주 중요한 것이 있다. 학부모들을 처음에는 가정 통신문으로 설득할 수 있지만 시간이 흐르면서는 아이들 일기로 설득해야 한다는 말이다. 다시 말하면 아이가 일기를 즐겁게 쓰는 일 그 자체가 바로 가장 설득력 있는 웅변이라는 말이다.

'과연 우리 아이가 일기를 쓰는 걸 보니 선생님 말씀이 맞구나.' 이러면 된다. 그 때부터는 일기 쓰기뿐만 아니라 다른 교육 활동도 소신 있게 꾸려 갈 수 있다.

학부모 쪽에서

아이가 정직하게 자기 이야기를 썼는데 그 일기로 해서 아이가 교사에게 야단 맞았다. 야단 맞은 일을 두고 그 다음 날 나름대로 비판을 썼더니 그 일로 해서 학부모가 불려 갔다. 물론 이런 일은 흔히 있는 일이 아니다. 어디까지나 가정이다.

학부모는 교사와는 달리 통신문 같은 방법을 쓸 수가 없다. 통신문 형식으로 편지를 쓴다고 하자. 그건 교사의 교육관에 대해 이래라 저래라 하는 격이 되고 만다. 그래서 안 되는 것은 아니지만 본래의 목적을 달성하기가 쉽지 않다. 그렇다면 어떻게 할까?

아이의 일기장을 보고 학부모도 도움말을 쓰자

일기장에 쓰는 도움말은 교사만 쓸 수 있는 게 아니다. 부모도 쓸 수가 있다.

1997년 1월 30일 목요일. 맑고 추웠다.

동생 때문에 야단

손희영

내가 머리를 감고 있는데 동생이 와서, 다쳐서 붕대 감은 손으로 물을 만졌다. 그런데 내가 야단을 맞았다. 동생이 붕대 감은 손으로 물을 만졌는데 어머니는 나를 야단 치셔서 너무 속상했다. 동생이 뭘 잘못 했으면 옆에 있는 사람을 야단 치신다. 머리를 감는데 내가 붕대 감은 손으로 물을 만지는지 몰랐다. (4시 20분→4시 42분)

도움말 : 어이구 우리 희영이 미안하다. 얼마나 화가 났을까? 내가 잘못을 했구나. 이젠 화 풀어라. 응.

아이는 어머니의 이 몇 마디에 화났던 마음이 그만 봄눈 녹듯이 스르르 녹아 버릴 것이다. 물론 글을 쓰면서 많이 풀렸겠지만. 희영이 어머니는 이 짤막한 도움글로 아이 일기를 어떻게 보고 있다는 것을 은근슬쩍 교사에게 알린 셈이다. 교사를 가르친 것이 된다.

1996년 12월 11일 수요일. 아침에는 추웠고 낮에는 조금 추웠다.

숨기고 싶은 이야기

김정승

오늘 학교 공부를 마치고 3분단 청소 시간에 나는 칠판을 지우고 선생님 칠판에 분필을 가져 놓을라고 하는데 종위가 말을 시켜서 선생님 분필을 떨어뜨려서 분필이 많이 깨졌다. 그래서 나는 얼른 깨졌는 분필을 분필통에 집어 넣고 종위가 선생님에게 말할려고 할 때 내가 종위 입을 가라막았다. 내가 말했다.

"종위야, 선생님에게 카지 마."

또 종위가 말했다.

"알겠어."

라고 했다. (9시 5분→9시 35분)

　도움말 : 그런 일이 있었구나. 겁났겠는걸. 정승이가 이처럼 잘못한 일을 숨기지 않고 솔직하게 쓰니까 이 엄마는 참으로 기쁘단다. 정승아, 앞으로도 이처럼 어쩌다 잘못한 일을 숨기지 말고 정직하게 쓰는 내 아들이 되기를 바란다. 그런데 말이다. 선생님에게 솔직하게 말씀드렸더라면 선생님도 좋아하셨을 텐데 미처 생각을 못했구나. 내일이라도 말씀드리는 게 어떻겠니? 아, 참 일기장에 이미 써 놓았으니 선생님이 보시겠지. 그러니 따로 말씀을 드리지 않아도 되겠구나.

　위에 보기로 든 두 일기는 아이들이 쓴 글 그대로지만 어머니가 쓴 도움말은 꾸며 써 본 것이다. 이런 도움글을 읽고도 분필 떨어뜨린 것을 야단 칠 교사는 없을 것이다. 어머니가 이처럼 솔직하게 일기를 썼다고 아들을 극구 칭찬했는데 어떻게 야단 칠 수 있겠는가? 한 술 더 떠서 앞으로도 이런 일기를 써 달라고 부탁까지 해 두었는데 말이다. 뒤에 쓴 선생님 이야기는 선생님의 비위를 맞추려고 지혜를 발휘한 글이다.

　다시 한 번 말하지만 교사든 학부모든 이처럼 움직일 수 없는 믿음만 가지고 있다면 방법은 있게 마련이다.

5장 여러 가지 일기글

재미있는 놀이 이야기

공부한 이야기

집안일 돕기와 심부름한 이야기

싸움, 화났던 이야기

먹는 이야기

숙제한 이야기

과외, 학원 이야기

식구들 이야기

걱정한 이야기

만진 이야기

혼자 어려움을 이겨 낸 이야기

신기하고 궁금한 이야기

칭찬이나 벌 받은 이야기

어른들을 비판한 이야기

어려운 사람 도와 준 이야기

고마웠던 이야기

동생 이야기

자기의 소원 이야기

친척집 간 이야기

아버지 일터 찾아간 이야기

애완 동물 이야기

소리 듣고 쓴 글

선생님 이야기

학교 오가는 길에서 있었던 이야기

눈으로 본 이야기

1학년들이 반 년 동안 쓴 일기를 겪은 일에 따라 나누어 보았다. 글감 고르기 지도에 도움이 되고, 또 보기글로도 쓸 수 있겠다 싶어서 나누어 실었다.

재미있는 놀이 이야기

　뭐니뭐니 해도 1학년 아이들 일기는 놀았던 이야기가 많다. 놀다가 싸우고, 놀다가 학원 가고, 놀다가 심부름하고, 놀다가 공부하고……. 모든 생활이 놀이에서 시작한다. 이러니 일기글에 논 일이 많이 차지하는 것은 자연스럽고 당연하다.

● ● ●

　1996년 12월 17일 화요일. 굉장히 춥다.
　엄마 놀이

전유리나

　오늘 학교에서 두 시간을 마치고 노는 시간에 하하방에서 성진아와 나와 현아와 같이 엄마 놀이를 했다. 진아는 엄마고 현아는 동생이고 나는 언니다. 그리고 성진아가 엄마 흉내를 내며 이런 말을 했다.
　애들아 엄마 어디에 좀 갔다 올게 하고 말했다.
　현아와 나는 신났고 얼른 가짜 라디오를 만들어서 딱 눌리고 '늘 푸른 비슬산' 하고 노래를 불렀다. 그래서 성진아가 왔다. 성진아가 우리 엉덩이를 때렸다. 너무 떠들었다고 때렸다. 현아와 나는 가짜로 울었다. (5시 20분→5시 51분)

1996년 12월 2일 월요일. 아침에 많이 추웠으나 낮에는 맑았다.

공포의 길

장경철

오늘 쉬는 시간에 눈을 만치고 놀라고 하니까 제완이가 미끄럼틀에 와 보라고 해서 가 보니까 미끄럼틀이 뿌사져 있었다. 제완이가 그것보고 공포의 길이다고 했다. 참 무서웠다. 사다리가 옆으로 뿌사지고 흔들흔들거렸다. 친구들이 많이 오니까 더더욱 무서워졌다. 우리는 그것보고 공포의 길이다 하는데 친구들은 그것보고 공포의 다리다고 했다. 너무너무 무서웠다. 포크레인이 가까이 와서 시끄러운 동네에 왔는 것 같았다. 나는 마음 속으로

'나는 위험한 곳에는 안 놀 테야.'

라고 생각했다. 그런데 나는 제완이 때문에 할 수 없이 올라가서 놀았다. 제완이는 내한테 장갑도 빌려 줬다. 내가 제일 친한 친구는 바로 제완이하고 병화다. (12시→1시 30분)

● ● ●

1996년 10월 28일 월요일. 맑음.

손수건 돌리기

최성욱

학교에 갔다 와서 오후에 동네 누나 정숙, 양수, 친구 지선이, 동생 재욱이와 손수건 돌리기 놀이를 했다. 어디서 했냐면 우리 집 마당에서 했다. 우리는 정숙이 누나가 시켜 주는 대로 따라 했다. 손수건을 정숙이 누나가 먼저 우리 뒤를 돌면서 재욱이 뒤에 놓고 달아났다. 재욱이는 아무것도 모르고 있다가 누나한테 잡혔다. 재욱

이는 벌로 개구리 소년 노래를 불렀다. 또 재욱이가 내 뒤에 두고 달아났는데 나는 알고 손수건을 잡고 뛰었다. 지선이 뒤에 두고 달아났다. 지선이는 정숙이 누나 뒤에 또 정숙이 누나는 양수 누나 뒤에. 양수 누나한테 난 잡혔다. 벌로 사랑으로 노래를 했다. 손수건 놀이는 정말 재미있었다. (8시 5분→8시 40분)

• • •

1996년 11월 28일 춥다.
시소

전유리나

오늘 학교 운동장에서 성진아와 나와 같이 시소를 탔다. 시소를 타니 기분이 좋았다. 그리고 올라갈 때는 내가 하늘을 날르는 것 같았다. 그리고 하늘을 날르는 비행기 같았다. 내가 속으로 그런 생각을 했다. 그리고 하늘을 날르는 로케트도 같았다.

계속 계속 생각하다가 생각을 안 하니 시소가 무서워서 내릴라 그러는데 갑자기 종이 쳤다. 나는 교실에 들어갔다.

(5시 30분→6시 10분)

• • •

1996년 12월 12일 목요일. 춥고 또 춥다.
통나무 교실

진제완

오늘 노는 시간에 통나무 교실에서 근구와 원엽이와 동현이와 내가 잡기 놀이를 했다. 그리고 잡기 놀이는 이렇게 했다. 맨 앞에 있는 통나무 책상에 있으면 아무리 잡아도 끄떡없는데 다른 데에서는 잡히면 술래다.

그리고 통나무 교실을 마구 밟으면서 놀았다. 그리고 둘째 시간에는 친구들을 많이 모아서 하였다.

그리고 이렇게 말을 했다. 나는 피리 부는 사나이라고 말을 했다. 그리고 통나무 교실 위를 밟으면 안 되는데 오늘 친구들과 밟았다. 그래서 걱정이 된다. 통나무 교실을 밟으면 안 되는데 밟아서 걱정이 된다. 통나무 교실은 신발을 신고 밟으면 안 된다고 벌써부터 정해 있다.

선생님이 보지는 안 했지만 놀고 나니 그런 생각이 들었다.

(4시 12분→4시 55분)

● ● ●

1996년 11월 30일 토요일. 춥다.

재미있는 숙제와 눈

이지선

오늘 밤에 눈이 왔다. 나는 눈이 안 오는지 알았는데 양수가 우리를 불렀다. 양수가 눈 온다고 옷이랑 장갑이랑 끼고 온나 했다.

그래서 나갔다. 눈이 펑펑 내렸다.

"어 좋다. 너무 좋아."

나는 이카면서 웃었다. 언니야와 나는 성욱이를 부르로 갈 때 눈사람이랑 눈싸움도 했다.

"성욱아 놀자."

"알겠다."

하고 나왔다. 언니야 눈사람은 크다. 성욱이는 얼굴을 만들었다. 눈
싸움도 하고 눈썰매도 타고 재미있었다.

　나는 이게 재미있는 숙제라고 생각을 했다. 왜냐믄 재미있는 숙제
가 겨울 찾기이다. 겨울을 나는 너무 잘 찾았다. 겨울이기 때문에
눈이 내리고 눈싸움이랑 눈사람을 만들었다.

　(7시 10분→7시 47분)

공부한 이야기

놀이 다음으로는 공부한 이야기가 많다. 공부한 이야기라지만 수학 공부, 국어 읽기 공부, 사회 공부 이런 것은 일깃거리가 되지 않고 놀이인지 공부인지 분간하기 어려울 정도로 재미있었던 이야기가 쓸 거리가 된다.

● ● ●

96년 10월 24일 목요일. 맑음.
신호등 놀이

김태근

넷째 시간에 학교에서 사과 깎기를 하다가 어디론가 갔다. 신호등 놀이를 하러 간다고 했다. 그런데 나는 뒷산으로 가는 줄 알았다. 거기는 유치원 교실 옆이었다. 거기는 신호등이 있었다. 진짜 신호등하고 똑같다. 불도 진짜 불이다. 거기서 신호등 놀이를 했다.

나는 처음에는 건너가는 사람을 했다. 계속 계속 하다가 나는 자동차가 하고 싶었다. 그래서 선생님한테 자동차 하게 해 주세요 하고 말했다. 선생님께서는 알았다 하고 말을 했다.

그래서 한 번만 길을 건너는 사람 하고 자동차를 했다. 자동차를 하니까 이상하게 힘들었다. 나는 빨리 반칙을 했으면 하고 생각을 했다. 그런데 반칙이 안 돼서 땀을 뻘뻘 흘리면서 자동차를 했다.

(3시→3시 30분)

1996년 11월 13일. 맑음.

벼

전유리나

오늘 학교에서 수학 공부를 하고 뒷산에 갔다. 선생님께서 벼를 줏어라고 말했다. 나는 벼를 하나씩 줏었다. 벼 하나를 가위를 가지고 짜르라고 하니까 가위가 다 뿌사졌다. 나는 가위를 고치다가 이런 생각을 했다.

'안 돼 가위를 고치지 말고 주머니에 넣어야겠다.'

하고 생각했다. 그리고 벼 하나를 줏으라고 할 때 선생님께서 이렇게 말했다.

"다른 논에 가 보자."

하고 말했다. 선생님하고 우리 반 아이하고 다른 논에 가 봤다. 거기서 벼를 찾아보았다. 거기서 벼가 많이 있는 곳을 찾았다. 내가 막 줏는데 원엽이가 왔다. 그래서 같이 줏었다. 선성님께서 가자고 해서 학교에 왔다. (3시→3시 30분)

• • •

1996년 11월 27일 수요일. 아침에는 추울라 했고 낮에는 더웠다.

기차 만들기

박종위

넷째 시간에 나는 교실에서 기차를 만들었다. 기차 준비물은 통, 뚜껑, 우유통 2개, 색종이, 끈이다. 기차를 다 만들었다.

기차가 어떻게 생겼나 하면 사람이 4명 타고 바끼가 4개 달려 있고 또 위에 통 뚜껑을 붙였고 또 앞에 테이프로 끈을 맸다. 끈을 댕

기면서 가면 기차가 움직인다.

그리고 동무들도 기차를 만들었다. 그리고 또 테이프로 끈을 떼고 가운데 테이프를 붙이면 버스 같다.

• • •

1996년 11월 6일 금요일. 맑은데 춥다.
목련

진제완

오늘 둘째 시간에 학교에서 선생님과 친구들과 나무를 관찰하러 운동장 화단에 있는 나무를 조사했다. 그런데 겨울이 되어서도 단풍이 안 떨어져 있는 것도 있었다. 그것은 대나무, 소나무, 히말리야시이다. 그리고 또 다른 것도 있다.

그리고 교실에 들어가기 전에 목련나무에 있는 눈을 떼서 교실 안에 들어가서 그거를 반으로 둘로 짜르니까 보들보들하고 녹색 같은 뭐가 들어 있다.

우리 모둠은 돋보기를 가지고 그것을 자세히 들다봤다. 아주 조심해서 만졌다. 왜냐 하면 뿌사질까 봐 그랬다.

(5시 34분→6시 20분)

집안일 돕기와 심부름한 이야기

부모님을 도운 일, 심부름한 일도 아이들이 많이 고르는 쓸 거리다. 요즘에는 공부하라고 일은커녕 작은 심부름까지 시키지 않는 집이 있다는 말을 들었다. 어쩌다 심부름을 시킬 때라도 대가로 돈을 준다니 참으로 어이가 없다. 아이들 교육이 큰일이다 싶다. 디래 가지고서야 어찌 한솥밥을 먹고 몸을 부대끼며 살아가는 같은 식구라고 할 수 있단 말인가? 부모가 바쁠 때는 당연히 아이들도 집안일을 돕도록 해야 한다.

• • •

1996년 8월 4일 일요일. 맑고 더웠다.

고추밭

장경철

오늘 할머니 댁에서 고추밭에 약을 치러 갔다. 가까운 다리에서 물을 푸고 약을 옇고 고추밭에 갈라고 카는데 할아버지께서 강물로 갔다. 고추밭에서 약을 쳤다. 줄을 땡기고 있는데 줄이 끊어졌다. 그래서 약이 안 나왔다. 아버지, 고모부께서 곤쳤다. 다음부터는 줄을 씨게 안 땡긴다고 생각을 했다. 그런데 아버지가 씨게 땡기라고 해서 이번에도 씨게 땡겼다. 그래도 줄이 안 끊어졌다.

1996년 11월 14일 목요일. 아침에는 낮에는 조금 덥다.

할머니 일 도와 드리기

김민정

문지방에 받혀서 다리를 다쳤다가 울고 있으니까 할머니께서 이렇게 말씀하셨다.

"민정아, 콩 따로 안 갈래?"

"따로 갈래요."

나와 할머니가 말하였다.

할머니께서는 니아까를 들었다. 니아까는 콩이나 무거운 걸 잘 들 수 있게 하는 것이다. 나는 할머니를 졸졸 따라댕겼다. 할머니가

"민정아 앞으로 온나."

"네."

할머니와 나하고 말을 했다. 밭에 도착했다. 할머니가 콩을 니아까에 실었고 나도 실었다.

콩을 니아까에 다 실었을 때 콩이 무거워서 조금조금씩 걸어갔다. 다 실어서 집에 갔다. 집에 가서도 할머니도 들었고 나도 들었다.

이상하게도 집에 도착하여 콩을 부엌 문에 콩을 갖다 놓을 때는 가벼워서 많이 들 수 있었다.

"콩 들어 조서 고맙대이."

할머니께서 칭찬을 해 줘서 기쁘다. 정말정말 기쁘다.

(6시 30분→7시 30분)

• • •

1996년 12월 18일 수요일. 맑고 조금 추웠다.

방 청소 했던 일

이현아

나는 오늘 유리 언니야 집에서 놀고 난 뒤에 막 바로 청소를 하였다. 어머니하고 내하고만 청소를 했다.

내 방은 내가 정리하고 아버지와 어머니 방은 어머니께서 청소하셨다. 가끔씩은 어머니가 내 방을 닦아 주시고 정리혀 주셨다.

아버지가 자꾸 톱이나 위험한 물건들을 내 방에 갖다 놓는다. 그래서 나는 방 청소 하기가 힘이 든다.

버릴 꺼는 방 오른쪽에 놔 두고 안 버릴 꺼는 왼쪽에 놔 두었다. 그러니 어머니께서 버릴 꺼는 버리고 안 버릴 꺼는 안 버리신다.

내가 아끼는 거와 소중한 거는 내 책상 밑에 놔 둔다. 그리고 책 번호도 맞추고 방을 아름답게 꾸며 놨다. 내가 청소를 하고 꽃을 접어서 꽃 안에 이렇게 부모님께 편지를 썼다.

'어머니, 저하고 애라하고 낳아 주셔서 고맙습ㄴ다.' 라고 적었다. 청소를 다 하고 나니까 기분이 좋다. 편지를 써 놓아서 기분이 또 좋다. (6시 30분→7시 5분)

힘든 들일을 함께 한 경철이, 할머니와 함께 손수레를 끌고 콩밭에 가서 콩 따기를 거들어 준 민정이, 힘든 들일을 함께 현 경철이, 방 청소 하는 현아. 이 얼마나 든든한 아이들인가? 일기글보다 이 아이들 생활을 뿌듯한 눈으로 바라봐야겠다.

싸움, 화났던 이야기

싸움은 아이들 생활 한가운데 있다. 1학년 아이들은 조그만 일로 다툰다. 아주 자연스런 모습이다. 어떨 때는 제법 심하게 몸싸움을 할 때도 있지만 대개는 톡탁거린다. 교실에서 조용히 앉아 지켜 보면 온통 싸움판이다. 여기서도 톡탁톡탁, 저기서도 티격태격, 여기서 훌쩍훌쩍, 저기서 씩씩, 마치 싸우러 학교에 왔나 싶기까지 하다.

한 번은 병준이와 민화가 싸웠다. 가만히 보니 한 대 때려 놓고 기다리다가 얻어맞은 다음에 또 한 대 때린다. 상대방도 마찬가지다. 결코 두세 번 연거푸 때리지 않는다. 때리고 기다리고, 맞은 다음에 또 때리고……. 재미있었다. 싸움이 재미있었다.

이런 아이들을 불러서 왜 싸웠는지, 누가 먼저 잘못을 했는지 따질 필요가 있겠는가? 아이들을 모르면, 알려고 하지 않으면 교육이고 일기 지도고 할 수가 없다.

• • •

1996년 12월 14일 토요일. 맑음.
싸움

강경훈

오늘 학교를 마치고 원영이하고 종진이하고 나하고 상호하고 정호하고 버스 정류장에서 와서 놀다가 종진이랑 상호랑 나랑 싸움을 했다.

종진이가 싸가지가 없다고 해서 싸웠다. 싸가지가 믜냐 하면 놀렸으면서 안 놀렸다고 했는 게 싸가지다. 내가 그래서 종진이 배를, 상호도 종진이 배를 찼다. 차고 나니까 버스가 왔다. 그래서 버스를 타고 집으로 와서 식구들 발 그리기를 했다. 먼저 아버지 발을 그렸다. 아버지는 이런 말을 했다. 간질하다고 하셨다. 그리고 다음에는 동생 발을 그렸다. 동생은 아무 말도 안 했다. 또 할머니 발을 그렸다. 할머니께서도 간질하다고 하셨다.

* * *

1996년 10월 1일 화요일. 맑고 더웠다.
놀이 기구와 싸움

김보련

나는 오늘 둘째 노는 시간에 희영이와 유치원 교실에 놀이 기구를 타러 갔다. 희영이는 유치원 놀이 기구를 못 탄다고 했다. 나는 게 안타고 했다. 나는 마음 속으로 정말 게안을까 걱정이 되었다. 그런데 정말 놀이 기구를 탈 수 있었다. 나는 이제 마음을 놓고 폴딱폴딱 뛰어 놀았다. 나는 이제 재미있는데 유치원 선생님이 "이제 교실에 가야지." 하면서 말을 했다. 그래서 나는 희영이와 바깥에 있는 유치원 놀이 기구를 타러 가는데 동글동글한 우주선을 탔다.

나는 밀어 주고 타고 있는데 1학년 3반이 왔다. 희영이와 함께 타고 놀고 있는데 1학년 3반이 우리가 기차 타자 하니까 1학년 3반이 자꾸만 우리 타는 것만 타니까 희영이와 1학년 3반이 싸움을 하게 되었다. 나는 말리다가 나도 싸웠다.

희영이는 흙을 들고 떤졌다. 근데 1학년 3반이 욕을 했다. 희영이가 앞을 가고 있는데 1학년 3반 아이가 흙을 뿌렸다. 희영이와 나는 또 흙을 뿌렸다. 1학년 3반이 달려왔다. 1학년 3반은 신발이고 우리는 실내화를 신고 있었다. 희영이는 맨 앞에 가고 있었고 나는 두 번째로 가고 1학년 3반은 맨 꼴찌로 왔다.

복도까지 다 왔다. 난 안심을 하고 조용히 복도를 걸어갔다.

(8시 30분→9시 15분)

● ● ●

1996년 9월 24일 화요일. 맑음.
자세히 살펴보기

전유리나

나는 학교를 다 마치고 집으로 왔다. 그리고 나는 가방을 놔 두고 혜영이 집으로 갔다. 그리고 나는 혜영이한테 벌을 살펴보자고 했다. 그런데 아무리 찾았는데도 벌은 안 보였다. 내가 혜영이한테 옳지 풀에 가 보자고 말을 했다. 혜영이하고 내하고는 같이 벌을 찾아봤다. 내가 벌을 찾았다고 했다. 그런데 내가 먼저 벌을 찾았는데 혜영이가 계속 계속 찾았다고 해서 나는 그만 참을 수 없어서 그만 우리 둘이는 싸움을 했다. 싸움을 다 하고 내가 벌을 찾았는데 벌이 어디로 갔는지를 몰랐다. 내가 마음 속으로 우리가 싸웠을 때 도망 갔는 줄 알았다. (8시 30분→8시 50분)

● ● ●

1996년 10월 17일 토요일. 아침에는 추웠다. 오후에는 맑고 더웠다.

욕 욕 욕

정창인

나는 저녁에 우리 형한테 욕을 했다. 우리 형은 내한테 놀리고 욕을 했다.

나는 이렇게 말을 했다.

"개시발놈, 미친놈, 바보, 쪼다."

나는 이렇게 말하니까 우리 형도 이렇게 말을 했다.

"바보, 똥개, 바보, 등시."

계속하다 보니 나는 말도 하지 않고 쪼금만 있다가 조용해져서 욕을 그만두고 어머니한테 선택 개별 학습지하고 선택 학습지는 검사를 맡았다. (9시 5분→9시 39분)

• • •

1996년 12월 28일 토요일. 맑고 춥다.

조아영과 싸움

진제완

오늘 조아영과 싸웠다. 왜 싸웠냐면 우리 어머니께서 재미있는 놀이를 가르쳐 주신다고 했다. 뭐를 가르쳐 주셨냐면 자치기하는 방법을 가르쳐 주셨다. 그리고 아영이와 서로 자치기를 먼저 하려고 싸웠다. 그리고 내 혼자 좀 멀리 가려고 뺏었는데 삐꺼 가지고 집으로 갔다. 그래서 나는 잘 갔다고 생각을 했는데 내가 화해를 하려고 저거 집에 갔다. 그리고 저거 집에서 내가 먼저 미안하다고 했다.

(5시→5시 45분)

아이들이 왜 싸우는가? 다 싸우는 까닭이 있다. 놀려 놓고 안 놀렸다고 해서 싸우고, 다른 반 아이들이 자기들 타는 놀이 기구를 탄다고 싸운다. 별을 내가 먼저 봤니, 네가 먼저 봤니 하면서 싸우기도 하고, 어머니가 가르쳐 준 자치기를 먼저 하겠다고 싸운다.

아이들은 싸우면서 큰다. 이런 싸움에 어른이 끼여들어 재판을 할 필요가 어디 있는가. 별을 먼저 봤다고 싸우는 유리나와 혜영이를 불러 "그런 것 갖고 다 싸우니? 양보심이 있어야지." 하면서 점잖게 나무란다면 참으로 아이들을 모르는 사람이다.

먹는 이야기

　먹는 이야기를 일기 쓸 거리로 많이 고르는 아이들은 쓸 거리를 잘 찾지 못하는 아이들이라고 보면 크게 틀리지 않는다. 누구라도 먹는 이야기를 가끔씩은 쓰지만 먹는 이야기를 자주 쓰면 그렇다는 말이다. 일깃감 찾기 공부를 더 해야 한다.

· · ·

1996년 11월 3일 일요일. 맑고 보통이다.
　귤

　　　　　　　　　　　　　　　　　　　　　　　이현아
　나는 오늘 저녁에 귤을 먹었다. 내가 맛있게 먹고 있는데 애라가
　"언니야. 내 옷 샀다."
　"누가 옷을 사 줬는데?"
　"엄마가."
　"이애라, 옷 샀는 게 자랑이가?"
　그래서 귤을 먹었다. 귤을 입에 언제나 넣으면 너므 쌔가롭다. 나는 그래도 귤이 좋다. 왜냐면 귤은 처음에만 씹으면 쌔가롭지만 계속 씹으면 달고 맛이 있어진다.
　원래 귤은 한 개에 10개가 들어 있다. 나는 귤만 있으면 뭐를 들여다본다. 뭐를 들여다보냐면 귤 안 속에 있는 조그만 게 한 개 있는데 그걸 살펴본다.

그 조그만 걸 먹으면 참 맛있다. 하지만 어떨 때는 혀를 깨물 수도 있다.

아빠가 봉지에 귤을 넣어 가지고 오셨다. 애라는 귤보고

"굴."

칸다. 애라하고 내하고 아빠하고는 귤을 젤 좋아하고 엄마는 귤을 맛있어하는데 쌔가로워서 못 먹는다. (7시 30분→7시 50분)

• • •

1996년 11월 13일 수요일. 맑고 더움.
토란

박종위

오늘 나는 할머니께서 주신 토란이라는 걸 먹었다. 왜 토란이라고 부르나 하면 우리 할머니께서 그렇게 말을 해서 토란이다. 토란은 감자 맛이고 소금도 필요 없다.

나는 토란을 많이 먹고 싶은데 없어서 많이 안 먹었다. 나는 이런 생각을 했다. 뭐냐면 꿈에서 토란이란 걸 많이 먹었으면 좋겠다.

• • •

1996년 9월 10일.
찐만두

김동현

오늘 어머니께서 찐만두를 만들어 주셨습니다. 맛이 좋았습니다. 나는 작은누나하고 찐만두를 맛있게 먹었습니다. 그런데 큰누나가

왔습니다. 그런데 만두가 한 개만 있었습니다. 그런데 큰누나가 화가 났습니다. 그런데 만두는 한 개밖에 없습니다.

• • •

1996년 9월 17일 화요일. 맑음.

짜파게티

정창인

나는 저녁에 짜파게티를 먹을라고 하는데 내 혼자 먹으면 우리 형이 내만 먹는다고 소리칠까 봐 우리 형을 기다렸다. 우리 형이 여섯 시쯤에 왔다. 나는 다섯 시쯤에 하마 배가 꼬르륵했다.

"형, 어디 갔다 이제 온 거야."

"미안, 운동 두 시까지 하고 교실에 들어가서 세 시간이나 공부하고 밥을 먹어서 늦게 온 거야."

"응 그래. 할 수 없지. 우리 지금 짜파게티 먹자."

"그거 좋지."

내가 어머니한테 짜파게티를 끓여 돌라고 했다. 짜파게티를 계속 먹다 보니 다 먹었다. 맛이 억수로 좋았다. (8시 15분→8시 43분)

• • •

1997년 1월 30일 목요일. 맑고 굉장히 추웠다.

젤리 먹었던 일

이현아

나는 오늘 엄마하고 내하고 애라하고 젤리를 먹었다. 젤리는 찐덕

찐덕하다. 그런데 농협에 있는 젤리가 나는 유행인 것 같았다. 그건 달고 맛있고 잘 팔리니까 유행인 것 같았다. 나는 오늘 농협에 가 보니까 젤리 한 봉지만 있었다. 그런데 저번 주에는 농협에 가 보니까 젤리가 많이 있었다. 그런데 그 젤리는 여러 가지 색깔이다. 각각 빨강색, 연두색이었다. 빨강색 맛은 딸기고 연두색 맛은 크림 맛이 많은 것 같다. 그런데 젤리는 유행이지마는 가공 식품이기 때문에 몸에 좋지 않지 싶다. 그것도 너무 달아서 나는 못 먹을 정도였다. 그래도 먹을만 하는 젤리였는 것 같았다. (7시 20분→8시)

· · ·

이것말고도 밖에서 음식 먹은 이야기가 많다. 처음 일기를 시작할 때는 먹는 이야기를 많이 쓰지만 어느 정도 일기 쓸 거리 고르기가 익숙해지면 차츰 사라진다. 가끔 쓰는 경우라도 무엇을 먹었다. 맛있다. 또 먹고 싶다 이렇게 쓰지 않고 현아처럼 귤을 먹으면서 귤 안까지 살펴본다든가 아니면 음식을 먹으면서 있었던 이야기를 중심으로 쓰게 된다.

숙제한 이야기

　숙제한 이야기는 대체로 많이 쓰지 않는다. 학교에서 공부하고 집에서 밥 먹듯이 늘 하는 일이기 때문일 것이다. 숙제 한 이야기 역시 자주 쓰는 아이는 쓸 거리 고르기에 어려움을 많이 느끼고 있다. 그렇지만 수학 문제 풀이 같은 숙제가 아니라 좀 별난 숙제라면 좋은 일깃거리임에 틀림없다.

• • •

　1996년 10월 10일 목요일. 맑음.
　숙제

성진아

　학원을 다 마치고 뒷산에 갔다. 왜 갔냐면 숙제가 방동사니 줄기로 '친구 짱구' 놀이다. 누구와 갔냐면 1-1반에 정순이랑 기영이랑 갔다. 가는 길에 내가
　"기영아, 너 길 아니?"
카자
　"응."
하였다. 가는 길에 기영이가
　"논길로 갈까 그러면 못으로 갈까?"
캤다. 도착해서 방동사니를 구하러 다녔지만 없었다. 그래서 내가
　"선생님에게 찾다 못 찾았다고 하면 되잖아?"

이렇게 하자 정순이는

　"와서 그냥 가?"

카고 기영이는

　"응." 하였다. 오면서 강아지풀을 들고 왔다. 보니 다 왔는 것 같았다.

　선생님 야단 치지 마세요. 참 힘들었어요. (8시 10분→9시)

●　●　●

1996년 10월 23일 수요일. 맑음.

　성냥개비

전유리나

　오늘 숙제를 할 때 성냥개비를 찾았다. 성냥개비로 집도 만들고 로케트도 만들었다. 침대도 만들고 냉장고도 만들었다. 아무꺼나 만들었다. 그런데 성냥개비로는 왜 동그라미가 안 나올까?

　아 참 성냥개비가 길쭉하니까 동그라미를 못 하는구나!

　그리고 만들고 있었던 것을 다시 만들었다. (4시→4시 30분)

●　●　●

1996년 10월 25일 금요일. 흐림.

　숙제

이지선

　오늘 저녁에 숙제를 했다. 일기 먼저 쓸라 하다가 일기 쓸 게 없어서 숙제부터 했다. 숙제를 일기장에 쓸라고 했다.

숙제는 수익책에 나오는 놀이이다. 언니하고 했다. 처음에는 내가 이겼다. 계속 이기다가 언니가 이겼다. 분해 다시 했다. 언니가 이겼다. 이제는 비겼다. 언니야 다시 하자. 알겠다. 공책에 할라고 했는데 공책이 없어서 못 했다. 43쪽을 했다. 119쪽에 가위로 자르고 붙었다. 몰라서 언니한테 물었다.

"야 이거 하나 못 하나?"

"못 한다."

가르쳐 조. 119쪽에서 오려 가지고 하면 돼. 오렸는데 어떻게 하는데? 나중에 나하고 하자. 알겠다.

언니가 숙제를 다 했다. 그래서 같이 했다.

(7시 15분→7시 35분)

• • •

1996년 10월 3일 목요일. 흐림.
방동사니

최성욱

어머니와 나, 동생과 같이 식물 그림 그리기 숙제를 하러 우리 집 뒤에 있는 논에 나갔다. 강아지풀하고 또 다른 풀을 뜯어 왔다. 어머니도 다른 풀 이름을 몰랐다. 동네 할아버지께 물어 보니깐 방동사니라는 풀이라고 했다. 어머니도 모르는 풀 이름을 할아버지는 알았다. 나는 집에 와서 방동사니를 보고 그림을 그렸다.

1996년 11월 14일 목요일. 맑고 더웠다.

전화 놀이

정창인

나는 일곱 시가 넘어 이지선 집에 전화를 했다.

"육일일에 이사오육."

"따르릉."

통화가 되었다. 이지선 어머니가 받았다.

"여보세요? 거기 저기 이지선 집 맞습니까? 숙제하려고 전화했는데요. 이지선 있으면 좀 바까 주실래요?"

"그래."

"여보세요."

"야 임마, 일곱 시에 전화하기로 했는데 왜 전화 안 했는데?"

"그냥."

"야, 임마 지금 그냥 할 시간이 있나. 빨리 시작하자."

"알았다."

"따르릉."

"여보세요."

"여기는 육일일에 이사오육입니다."

"고모 저 창인이인데요. 고모가 준 게 있잖아 많이 자라서 새끼가 네 마리나 됐다. 그런데 고모 집에 닭 있나? 닭 있으면 삶아 묵을 건데……."

"그래. 닭 있다."

"정말로 내 다음에 고모 집에 가면 닭 삶아 묵을 거야. 알았제. 그럼 끊을게."

찰각하면서 전화기를 내렸다. 숙제를 다 했다. (8시→8시 40분)

과외, 학원 이야기

학원은 도시고 시골이고 할 것 없이 이젠 모든 아이들 생활이 되어 버렸다. 그런데 학원 이야기는 자세히 길게 쓰지 않는다. 그럴 수밖에 없다. 마지못해 할 수 없이 다니는 곳이니 뭐 쓸 게 있겠는가. 지긋하게 앉아서 다시 겪어 보고 싶은 마음이 들겠는가.

• • •

1996년 11월 12일 화요일. 맑음.
눈높이

이현아

오늘 나는 학교에 갔다 온 뒤에 눈높이를 했다. 사실 나는 눈높이를 하기 싫은데 어머니가 억지로 시킨다. 왜 눈높이를 시키냐면 회전을 잘 돌아가게 하려고 그런다.

원래 눈높이는 손으로 하는 게 아니라 머리로 생각을 해야 된다. 눈높이를 왜 하기 싫으냐면 계산이 잘 안 돼서 그런다. 눈높이는 손으로 하는 게 아닌데 내가 가끔 손가락으로 좀 한다.

하지만 눈높이는 꼭 해야만 된다. 왜냐면 나도 얼단지 모르겠지만 돈이 너무 많이 드니까 그렇다. (9시→9시 30분)

1996년 11월 13일.

나는 학원을 안 다닌다

나은애

오늘 나는 아침에 학교에 가서 공부를 다 하고 나는 학원에 안 갔다. 왜 안 갔냐면 어머니께서 학원을 끊었다. 나는 그래서 막 바로 오니 조금 이상했다. 학원을 안 가니 내 마음이 이상했다.

어머니께서 수학 문제를 10가지를 내어 주셨다. 나는 조금 틀렸는 게 있었다. (5시 25분→8시 44분)

• • •

1996년 10월 29일 화요일. 아침에는 추웠으나 오후에는 맑고 더웠다.

컴퓨터 학원에서 논 일

정창인

나는 학교를 마치고 학원에 갔는데 들어가 보니깐 웬일로 선생님이 결석을 하셨다. 나는 기분이 좋아 오락을 하려고 하는데 원장 선생님이 한메타자라는 컴퓨터 공부를 하라고 했다. 나는 어서 컴퓨터 스위치를 켜고 한메타자를 했다.

그리고 한메타자를 다 한 뒤 오락을 했다. 무슨 오락을 했냐면 이십오일날 했던 베타 콤비를 했다. 나는 시작할 때 먼저 상청부터 골랐다. 첫 판에는 팔만 썼다. 한 번 쓰고 두 번 쓰고 세 번 쓰고 연속 팔을 쓰고 이겼다. 두 번째는 다리만 쓰고 이겼다. 이번에는 필살기를 할 차리다. 강발 일, 이 필살기를 성공했다. 나는 이 놀이가 재미는 있지만 조금 끔찍하다. 왜냐면 상대방 몸 속에 들어가서 터지기 때문이다.

식구들 이야기

식구들 이야기를 많이 쓸 것 같지만 그렇지 않다. 이것은 아이들이 일깃감을 고를 때 자기 한 사람으로 테두리를 아주 좁히기 때문이다. 1학년 아이들이 갖고 있는 지극히 자기 중심에 머무는 심리를 생각하면 이해가 된다. 식구들 이야기를 쓰더라도 식구 가운데 어느 누구 중심으로 쓰지는 않는다. 반드시 일기 내용에 자기가 중심에 선다. 당연하고 자연스럽다.

• • •

1996년 11월 12일 화요일. 따뜻했다.
오락실에서 오빠를 만난 이야기

김보련

나는 어머니께서 육백 원을 주셨다. 나는 길을 건너서 오락실 앞에 우리 오빠가 타는 자전거가 있었다. 나는 달성 슈퍼에서 커피 하드가 있었다. 그거는 내가 먹고 싶은 커피 하드였다. 그래서 샀다. 그게 얼마냐 하면 오백 원이다. 나는 그걸 샀다. 그리고 백 원이 남아서 그걸로 초코파이를 샀다. 오락실 안으로 드갔다. 내가 보니까 오빠가 오락을 하고 있었다. 다른 아이들도 있었다. 초코파이를 먹을려고 입에 였다. 커피 하드를 나는 먹고 가끔 오빠를 주었다. 오빠 한 입 먹고 나도 한 입 이렇게 빨아 먹었다. 오빠가 바빠서 어떨 때는 내가 혼자 많이 빨아 먹고 오빠를 주었다. (7시→8시 5분)

1996년 10월 31일 목요일. 흐림.
쌀밥, 보리밥 하고 손목 때리기

손진호

나는 저녁때 아버지와 내랑 쌀밥 보리밥을 했다. 나는 잘하다가 아버지는 내보다도 많이 했다.

나는 자꾸 하니까 재미가 없어서 아버지와 이번에는 손목 때리기를 했다. 나는 아버지를 2번 때리고 아버지는 10번도 더 때렸다. 나는 손이 아프고 손이 간지러웠다. (7시 40분→7시 55분)

• • •

1996년 11월 8일. 비 오다가 흐림.
어머니

나은애

학원 마치고 집에 오니 어머니께서 나를 기다리고 있었다. 나는 기분이 날아갈 것 같았다. 어머니가 집에 계시니까 나는 좋다. 어머니가 집에 있으면 내가 학원 마치고 어머니께서 고구마를 삶아 주셨다. 나는 어머니가 집에 있으니까 좋다. 어머니께서 이제 회사에 안 가시니까 나는 기분이 좋다. 나는 어머니를 사랑한다. 어머니를 사랑하고 그리고 우리 어머니는 집에서 일을 하고 계신다. 아버지 어머니들이 나 동생을 먹여 살리려고 일을 해서 돈을 번다. 그리고 아버지는 전라도에서 일을 하신다. (8시 15분→8시 40분)

1996년 12월 2일 월요일. 아침에는 추웠으나 낮에는 조금 따뜻했다.

부모님 감사하기

성진아

나는 첫째 시간에 선생님께서

"부모님은 아주 좋은 분이란다. 그리고 이 세상에 낳아 주신 분은 부모님이시란다. 어머니가 우리를 낳아 주시지 않았으면 우리는 이 세상에 태어나지 않았기 때문에 늘 부모님을 사랑해야 한단다."

하고 열심히 말씀하셨다.

나도 철이 들었는지 이런 생각을 했다.

'내가 어머니에게 말썽을 피웠는데 인제 말썽을 안 피워야겠다.'

나는 이렇게 생각을 했다.

그리고 나와 오빠를 키우신다고 일을 하시고 아버지는 서울 대전을 다니시고 이렇게 힘든 일을 하시는데 내가 부모님 일 다녀오시면 힘들지요라고 말을 하면 부모님도 일을 하면서 기분이 좋을 것 같다.

나는 일요일만 되면 부모님 일터에 가서 일을 도와 드리겠다고 결심을 했다. 안 그러면 친구 집 다니면 반성을 하겠다.

부모님, 사랑하는 진아가 부모님을 사랑해요.

(12시→12시 35분)

걱정한 이야기

아이들은 아무런 걱정 없이 마냥 뛰어놀기만 하는 것 같지만 사실은 그렇지 않다. 집에서 어른들이 하는 걱정도 아이들 걱정이 된다. 거기에다 자기 걱정을 더 보태니까 늘 걱정 속에서 살아간다고 해도 지나친 말이 아니다. 그러나 아이들 걱정은 쉽사리 해결이 된다. 하루가 지나면 해결되어 버리기도 하고, 어떤 걱정은 걱정을 하자마자 해결되어 버린다. 해결된다기보다는 잊어 버린다. 아이들은 신통한 해결사인 셈이다. 그렇지만 걱정이 너무 크면 오랫동안 아이를 짓누르고 괴롭힌다.

• • •

1996년 11월 8일 금요일. 맑음.
자동차 놀이와 걱정

김진아

학교에 갔다 와서 내하고 언니하고 내 동생하고 심심해서 자동차 놀이를 했다. 뭐 갖고 했냐면 의자 갖고 했다. 어디서 했냐면 우리 방에서 했다.

우리 언니는 운전사고 나는 손님을 했다. 내 동생도 손님을 했다. 나만 따라서 했다.

나도 운전사를 하고 내 동생은 2살이라서 운전사를 못 했다.

내 동생이 1학년이 되면 나는 중학교 1학년이 된다. 걱정이 된다.

왜냐 하면 내 동생은 똑똑해서 공부를 잘하는데 나는 공부를 못할까
봐 걱정이 된다. (8시 11분→8시 47분)

● ● ●

1996년 11월 7일 목요일. 맑음.
강아지

김민화

학교 갔다 오고 나서 춤을 추는데 내 동생이 시끄러워서 나가라
캐서 나오니까는 웬 강아지 한 마리가 서 있었다. 나는 그 강아지를
만지고 있다가 놔 두고 집으로 들어갈라고 하니까는 자꾸자꾸 갱갱
하고 소리를 질러서 계속 놀아 주다가 운동장에 가서 놔 두고 집으
로 들어갔다. 그 강아지가 누 강아질까? 집으로 갔는지 걱정이 되었
다. (5시 5분→5시 37분)

● ● ●

1996년 9월 23일 월요일. 맑고 굉장히 더웠다.
숨었던 일

이현아

오늘 학원을 다 마치고 유치원 놀이터에서 놀면 안 되는데 놀았
다. 왜 놀면 안 되냐면 여러 가지 색으로 페인트를 칠해 가지고 그
랬다.
내가 유치원 놀이터에 가니까 2학년 언니야들이 놀고 있었다.
"언니야 거기에서 놀면 안 된대."

"그래 니 말이 맞다."

그래도 나는 언니야하고 유치원 놀이터에서 놀았다. 놀이터에서 놀아도 색깔이 안 묻었다. 조금 손에 달라붙어도 색은 찍혀 나오지 않았다. 색은 빨강색, 파란색, 노란색, 풀잎색이 그려 있었다. 그래서 재미있게 놀았다.

놀다가 언니야하고 가는데 교감 선생님께서 놀이터에 있는 사람을 불렀다. 언니야 두 명은 교감 선생님께 갔고 나는 빨리 집으로 튀겼다.

너무 겁이 났고 내가 너무 벌벌 떨었다. 지금도 걱정이 된다. 내가 다시는 거짓말을 하지 않는다고 생각을 하였다.

(6시 35분→8시 25분)

만진 이야기

아이들은 무엇이든 만지기를 좋아한다. 그래서 무엇을 만진 이야기를 많이 쓴다. 나는 아이들이 장난감을 가지고 놀았다고 하지 않고 만졌다고 쓰는 걸 이상하다고 생각한 일이 있다. 그런데 어느 날 장난감을 가지고 와서 노는 걸 보고 아하 만지는 것과 노는 것은 다르구나 하는 것을 알았다. 장난감을 가지고 무슨 놀이를 하는 것이 아니고 그냥 자꾸 만진다. 쪼물락쪼물락 만진다. 장난감을 가지고 어떤 놀이를 하는 게 아니고 혼자서 중얼중얼하면서 흔들어도 보고 빙빙 돌려도 보고 자세히 들여다보기도 하고 이야기도 해 보고 그런다. 아이들에게 그것은 장난감 놀이가 아니고 만지는 것이 분명했다.

동무들과 어울려 놀지 않고 혼자 있을 때도 아이들은 오랜 시간 이렇듯 무엇을 만지고 논다. 절대로 멍하게 앉아 있는 법이 없다. 생각을 깊게 한다든가 쓸데없는 공상을 하지도 않는다. 아이들은 생각으로 살아가지 않고 몸으로 살아가고 있다.

그러니 아이들에게 쓸데없이 손장난을 한다고, 쓸데없이 만져서 망가뜨려 놓는다고 야단 치는 사람은 아이들을 너무 모르는 사람이다. 금방 내버리고 말 딱지를 또 접고 또 접는 것이 아이들이다. 찰흙이나 수수깡을 주면 아이들은 금방 거기에 빠져서 밥 먹는 것까지 잊어 버리고 만다. 일기 쓸 거리가 없다면 만진 이야기를 쓰라고만 해도 쓸 것이 많다.

1996년 10월 28일. 맑음.

힘들고 재미있다

전유리나

오늘 학교를 다 마치고 집으로 올라고 할 때 어머니 생각이 나서 빨리 뛰어왔다. 그리고 다녀왔다고 문을 열 때 아무도 없었다. 그래서 내 방으로 문을 열고 들어갔다.

그런데 내 방에 우리 어머니께서 편지를 내 책상에 놔 두고 어디 갔다. 편지를 어떻게 썼냐면 이렇게 썼다. 유리나야 학교 다 마치고 숙제하고 놀아라 하고 적었다.

나는 알림장을 보고 수익을 했다. 하다가 모르는 게 있었다. 그래서 모르는 것은 놔 두고 아는 것만 했다. 왜냐 하면 너무 어려워서 이렇게 했다. 그리고 어제 저녁에 아버지께서 가져오신 흑찰흙을 만지고 싶어서 만졌다.

빵, 그릇, 숟가락, 젓가락하고 만들었다. 전에 만든 사람은 뿌라졌다. 어디가 뿌라졌냐면 머리하고 몸하고 다 뿌라졌다.

내가 사람을 지금 만들지 하고 외쳤다. 그런데 오늘은 작은 거를 만들어야 되는데 하고 말했다. 왜냐면 어제는 큰 거를 만들었기 때문이다.

오늘은 큰 거를 만들면 재미가 없다. 오늘은 이만 과일을 만들자. 과일은 사과를 만들었다. 그리고 바나나, 포도, 이렇게 만들었다. 만들 때는 힘들고 다 만들고는 재미가 있다. 그런 것은 나도 모르는 건데 전에 선생님께서 가르쳐 주었다.

지선이는 선생님에게 편지를 쓰는데 나도 선생님에게 편지를 써야지. 그런데 지선이는 선생님에게 편지를 어떻게 쓸까?

1996년 12월 7일 토요일. 아침에는 춥고 낮에는 따뜻했다.
콩과 레고

박종위

오늘 나는 주현이 집에 가서 콩을 먹었다. 볶아서 먹었다. 콩은 월요일에 가지고 간다. 나는 주현이 집에서 레고를 만쳤다.

그런데 나쁜 사람은 2명만 있다. 착한 사람은 10명이다. 유령도 착하다.

• • •

1996년 11월 12일 화요일. 해가 뜨지 않았다.
장난감 만지기

손진호

학교에서 슬생 시간에 장난감 놀이를 하였다. 움직이는 장난감을 한 개씩 가지고 와서 만지기를 했다. 모둠을 해서 놀았다. 무척 재미있었다. 나는 나원엽이하고 바꾸어 만졌다. 오늘 공부는 재미가 있었다. 매일 장난감 만지기를 했으면 좋겠다.

(4시 30분→4시 48분)

• • •

1996년 11월 27일 수요일. 아침에는 추웠으나 낮에는 조금 더웠다.
친구 집

이근구

오늘 강경훈이를 기다리고 강경훈이는 청소를 하고 나와 동현이는 복도에서 놀았다. 잠시 후 강경훈이가 청소를 끝내고 버스를 타고 집에 올 때 최원영이 집에서 놀았다. 거기서 슈퍼선가드를 만졌다. 마당에서 만졌는데 그기는 너무나 추웠다. 조금 있다가 방 안으로 들어갈 때 거실에는 최원영 어머니가 주무시고 있었다. 조용히 안방으로 들어갔다. 오래 있다가 원영이 어머니가 안방으로 들어왔다. 강경훈은 가드래스큐를 만졌다. 강경훈하고 김동현은 4시에 집으로 갔다. 나도 그 때 집으로 왔다. (5시 15분→6시)

• • •

1996년 11월 30일 토요일. 춥다.
열쇠 고리

진제완

오늘 학교에 열쇠 고리를 가져갔다. 그리고 학교에서 열쇠 고리에 달려 있는 동그란 것이 달려 있는데 동그란데 뭐를 누르면 거기에서 불빛이 난다. 그리고 불빛을 나게 해서 태근이한테 뻐꾹 그러면서 그라니까 깜짝 놀랐다. 그리고 내가 노는 시간에 병화한테 열쇠 고리를 조금 만지게 해 주었고 원영이한테는 아주 조금만 만지게 해주었다. (5시→6시)

혼자 어려움을 이겨 낸 이야기

'선생님 신발 잃었어요.' '선생님 가방 없어졌어요.' 아이들은 자기가 놔 두었다고 생각하는 곳에 자기 물건이 보이지 않으면 잃었다고 생각해 버린다. 그리고 찾을 생각도 않고 당장 선생님한테 달려와서 우는 소리를 한다. 이럴 때면 나는 늘 '네 물건 네가 찾아야지. 더 찾아보아라. 찾다 찾다 못 찾으면 다시 내한테 와.' 이렇게 인정머리 없게 말해 버린다. 그렇게 말을 해서 보내 놓으면 대개 다시 오지 않는다. 스스로 찾았기 때문이다.

아픈 아이도 마찬가지다. 아프면 양호실에 가야지. 조금 아프다고 해서 내가 양호실에 데리고 가거나 약을 받아 주거나 하지 않는다. 나는 그런 게 사랑이라고 생각하지 않는다.

스스로 어려움을 이겨 낸 이야기가 일기에 많이 실리도록 해야 한다. 하나부터 열까지 어머니가, 아버지가, 교사가 곁에서 도와 준다면 그 아이는 언제 홀로 서나? 따지고 보면 자란다는 것은 몸뚱이만 커진다는 말이 아니라 부모와 거리를 넓혀 가는 것이라그 할 수 있는데, 자꾸 가까이 더 가까이 하면서 기대게 하면 그야말로 몸뚱이만 자라는 기형아가 되고 말 것이다.

누가 도와 줘서 고맙다는 일기보다 혼자서 어려움을 이겨 낸 이야기가 많이 있어야 비로소 바르게 자라는 아이라는 사실을 알아야 한다. 그 이야기가 눈물겨울수록 성큼 자랐다고 보면 틀림없다.

1996년 11월 6일 수. 맑음.

옷

성진아

뒤죽박죽. 학교 가야 하는데 바지도 없고 위에 옷은 있고 나는 어머니에게

"바지 찾아 주세요."

카자 어머니께서

"너거 반에 쫄바지 안 입나?"

카자

"안 입는데요."

어머니는 바빠서 내가 여기도 찾고 저기도 찾고 했다. 잘 생각하면서 찾았다.

그렇게 그렇게 해서 옷을 찾아 입었다. 너무너무 힘들었다.

(7시→7시 25분)

● ● ●

1996년 11월 4일 월요일. 비가 오다가 안 오다가 했다.

머리가 아팠다

이지선

오늘 아침에 학교에 갈 때는 안 어지러웠는데 교실에 가니까 머리, 배, 다리가 아팠다. 머리가 제일 아팠다. 1째 시간에 참고 2째 시간에 참고 3째 시간에 참고 4째 시간에 참다가 못 참아서 양호실에 갔다. 양호실에 가서 약을 받고 아파서 밥 당번도 안 하고 밥을 조금씩 받았다.

밥을 조금 먹고 현아와 진아와 왔다. 휴지도 주고 머리도 만지고 했다. 선생님도 알고 와서 머리를 만졌다. 내 머리를 만지고 현아 머리를 만지고 대 보고 열이 있다고 양호실에 가 브라고 해서 현아가 갔다 왔다고 말을 했다. 선생님이 그래 하고 말을 했다.

(9시 22분→9시 34분)

• • •

1996년 11월 19일 화요일. 아침에는 추웠고 낮에도 추웠다.
가방

배기환

나는 오늘 청소를 다 하고 내가 가는데 가방이 없었다. 그래서 운동장에도 없고 교실에도 없고 복도에도 없었다. 큰일이 났구나 해서 온 데를 다 찾았다. 그래도 없었다. 조금 있다 브니 선영이가 가방을 찾았다. 나는 그래서 기분이 놓여서 집으로 왔다.

• • •

1996년 9월 9일 수요일. 맑음.
힘들었던 산

박종위

나는 오늘 두 시간을 마치고 셋째 시간이 안 시작했을 때 선생님과 우리 반 아이들이 뒷산에 풀 가지고 놀이를 하러 갔다. 그런데 선생님이 길을 막고서 강아지풀 가지고 콧수염을 안 만들면 통과를 못 한다고 했다. 그래서 콧수염을 내가 만들었다. 그래서 내가 1등

통과했다. 그런데 콧수염을 못 만들었는 아이들도 나중에는 통과를 했다. 왜냐면 선생님이 장난으로 그랬기 때문이다. 또 어떤 아이에게는 산에 가서 콧수염을 만들어라고 했다.

그런데 보련이가 나를 잡아댕겼다. 보련이가 지가 넘어진다고 나를 잡아댕겼다. 넘어지면 될 낀데 안 된다고 하면서 나를 잡아댕겼다. 나는 친구들과 도랑 바위를 건널 때 앞에 있는 아이를 안 잡고 건너서 발을 배렸다. 드디어 산에 올라왔다. 나는 많이 눕기도 하고 동무들과 신나게 놀았다.

그런데 선생님이 밤 12시 되면 귀신이 나타난다 했다. 동무들은 거짓말이라고 했다. 그만 학교에 가자고 했다. 동무들과 같이 학교에 갔다. 나는 갈 때 또 그 바위를 하나 건널 때 동무를 안 잡고 갔다. 가기 힘들었다. 그래도 나는 건넜다. 그런데 넘어져서 도깨비풀에 찔려서 앗 따가워라고 했습니다.

신기하고 궁금한 이야기

아이들 눈에 세상은 온통 신기하고 이상하고 궁금한 것 투성인가 보다. 그래서 그런지 그런 것에 대한 일기가 많다. 그렇지만 이런 의문이나 이상스럽다는 생각도 사물을 자세히 살펴보고 깊이 생각해야만 얻을 수 있다. 그렇기 때문에 무엇이든 돋보기로 자세히 살펴보게 하는 방법이 필요한 것이다. 사물을 신기하게 바라보고 의문을 가져 보는 일은 좋은 일임에 틀림없다.

●●●

1996년 11월 7일 목요일.
돈 잃어버렸는 일

김민정

학원에 갈 때 동현이가 내보고 김똥개하고 하면서 하하하 카면 놀렸다. 그래서 동현이를 ㉠형해 마구 마구 쫓아가니까 동현이는 달려서 도망가다가 내한테 잡혔다. 손바닥으로 머리 한 대만 때리다가 돈을 흘렸다. 손에 돈을 들었는 줄 모르고 딱 때래서 돈이 없어졌다.

돈을 주웠는데 이백 원이 없었다. 금방 딱 하고 흘렸는데 아무리 찾아도 없었다. 동현이와 같이 찾았는데도 이백 원기 없었다. 진짜 이상하다. 할머니한테 다 말씀해 주니까 천 원으로 이백 원을 사 먹으라고 했다. (7시→8시 5분)

1996년 11월 2일. 맑음.
귀뚜라미

배주형

오후에 자전거를 타려고 하는데 수염이 기다랗고 이상하게 생긴 벌레가 폴짝폴짝 뛰어오르면서 갔다. 잡아서 엄마한테 물으니까 귀뚜라미라고 했다. 귀에 대고 소리를 들으니까 아무 소리도 나지 않았다. 그런데 저녁에 요란스럽게 우는 벌레 소리가 귀뚜라미 우는 소리라고 했다. 몸은 조그마한데 소리는 무척 큰 것 같다. 이 귀뚜라미는 참 이상하다. 여게저게를 살펴보아도 소리나는 데가 없다. 그래서 나는 작은 입으로 큰 소리를 내는 이 귀뚜라미가 이상하다.

• • •

1996년 11월 14일 목요일. 맑음.
쥐

박종위

오늘 나는 아침에 세수를 하려 갈 때 비누를 쥐가 파 먹었다. 어째 파 먹었냐면 울퉁불퉁하게 파 먹었다.
쥐는 곡식을 먹는데 비누도 다 먹는다. 쥐가 비누를 먹어도 안 죽나 모르겠다. 쥐는 뱃속이 이상한 모양이다. 그래도 쥐가 비누를 파 먹는 거는 못 봤다.

• • •

1996년 10월 25일 금요일. 맑음.

거미줄

김진아

학교에서 돌아와 보니 우리 집에 거미줄이 있었다. 어디 거미줄이 있었느냐 하면 우리 집 벽 옆에 있었다. 그런데 거미 줄에는 거미와 파리가 붙어 있었다.

거미가 파리 얼굴을 먹었는데 파리 머리뼈만 남아 있었다. 그 옆에도 뼈 같은 게 많았다.

정말 신기하고 무서웠다. (7시 40분→7시 55분)

• • •

1996년 9월 25일 수요일. 맑음.
문지르기

전유리나

나는 학교에서 문지르기를 했다. 우리 집에서 가져온 것을 도화지에 먼저 놓고 크레파스로 색칠을 했다. 색칠을 다 하고 도화지를 봤다. 도화지에는 신기하게 병아리 모양이 나왔다. 이제는 병아리가 신기했는데 또 다람쥐 모양이 나왔다. 그렇게 신기한 것은 처음 봤다. 그런데 민화가 좀 빌리자고 해서 빌려 줬다. 그런데 민화를 빌려 주니까 진호도 빌려 돌라고 했다. 그래서 진호한테 빌려 줬다. 그리고 또 기영이가 내보고 좀 빌리자고 했다. 내가 갑자기 빌려 주는 사람이 됐다. 기영이가 한 번만 하고 준다고 했다. 그래서 빌려 줬다. (3시 40분→4시 30분)

1996년 9월 26일 목요일.

나

나은애

나는 오늘 할머니 집에서 자기로 했다. 잠을 자다가 목이 말라 물이 먹고 싶어서 보니 우리 집인지 알았다. 그런데 진짜 우리 집이었다. 어머니께 물어 보니 혼자 일어나서 집으로 갔다고 했다. 참 이상하다. 나는 분명히 자고 있었는데…….

• • •

1996년 7월 28일 일요일.

주인 신발을 물어 간 개

손희영

나는 저녁밥을 먹고 텔레비전을 다 보고 이부자리를 깔라고 그런 참인데 이모가 왔다. 이모가 와서 실컷 놀다가 집으로 갈라고 그랬다. 그런데 이모 딸 신발과 이모 신발을 개가 물어 갔다. 이모 딸 신발은 한 짝만 물어 갔고 이모 신발은 개가 두 짝 다 물어 갔다.

우리 어머니가 신발을 빌려 줘서 대문 밖으로 나가는데 이모 딸 신발은 대문 밖에 있었고 자기 집에 가 보니 이모 신발이 거기 있었다. 이모 개가 물어 간 것을 나는 잘 몰랐는데 그게 참 신기했다. 개가 어떻게 자기 식구들의 신발을 알아 내었을까?

• • •

1996년 11월 5일 화요일. 흐림.

마술

장경철

오늘 말듣기 3째 시간에 공부하다가 선생님이 마술을 보여 주셨다. 자 마술입니다. 마술이에요 하고 선생님이 말씀하실 때 너무 재미가 있다. 가슴이 두글두글했다. 그런데 참 이상했다. 탱탱공을 입으로 넣었는데 어째서 금방 엉덩이로 나왔다. 우리가 다시 해 돌라고 해도 하지 않았다. 그리고 볼펜을 오른손 옷 속에 넣었는데 왼손 속에 나왔다. 참 신기하다. 선생님은 진짜 마술사다.

• • •

1996년 8월 10일 토요일. 맑고 더웠다.
토끼가 닭에게 진다

장경철

오늘 누나야 하고 내하고 진영이하고 진경이하고 락교에 가서 놀았다. 먼저 사육장에서 토끼한테 모이를 줄라고 캤는데 닭이 뺏아 먹었다. 토끼가 닭에게 지는지 이제 알았다. 신기했다. 그리고 엄마 놀이도 했다. 그리고 집에 와서 목욕하고 고기를 먹고 잠을 잤다.

칭찬이나 벌 받은 이야기

　벌은 적을수록 좋고 칭찬은 많을수록 좋다고 한다. 정말 그럴까? 그렇지 않다. 이것도 언제 어떤 방법이냐에 따라 다르다.

　생산 칭찬과 파괴 칭찬이 있다고 한다. 인격이나 성격을 판단하는 칭찬은 오히려 불안과 기대는 마음을 키우고 방어적이게 한다고 한다. 이를테면 책을 잘 정돈해 놓은 아이를 칭찬하려면 '책을 깨끗하게 잘 정돈했구나.' 하고 칭찬해야지 '참 착한 일을 했구나.' 라든지 '너는 참 착한 아이로구나.' 하는 칭찬은 파괴 칭찬이라는 것이다. 칭찬도 이래서 함부로 할 수 없다. 하물며 꾸중은 더 말할 나위가 없겠지.

●●●

　1996년 11월 8일 금요일. 맑음.
　칭찬

　　　　　　　　　　　　　　　　　　　　　이현아
　오늘 학교에 갔다 오니 어머니께서 어디에 가셨다. 그리고는 옷을 방바닥에 놓고 가셨다. 내하고 애라는 텔레비전을 본다고 정신이 하나도 없었다. 그래서 내가 생각을 하였다.
　'옷을 다 개야지.'
하고 시작하였다. 내 동생 애라는 잤다. 옷을 착착 개었다. 이제 어머니께서 오셨다. 어머니께서 옷을 갠 것을 보시고
　"이거 누가 개었니?"

"어머니 현아가요."

"참 잘 개었다."

라고 칭찬을 해 주셨다. 그리고 돈을 주셨다. 기분이 너무나 좋았다. (6시 5분→6시 25분)

* * *

1996년 9월 23일 월요일. 맑음.

청소

이지선

학교를 마치고 집에 와서 놀다가 청소를 했다. 그 때는 어머니가 없었다. 내 혼자 했다. 쓸고 있는데 어머니가 칭찬을 해 주었다. 나는 계속 쓸었다.

"니가 착하구나. 언니야는 어지럽히기나 하는데 착하구나."

하면서 머리를 쓰담아 주었다. 이제는 청소기로 밀었다. 작은 방도 청소를 하고 골방도 하고 이제 언니야가 와 가지고 내가 쓴다고 해서 줬다. 나는 밥을 먹었다. 사탕을 먹고 나서 잇몸을 닦았다. 머리도 감았다. 기분이 좋았다.

* * *

1996년 9월 21일 토요일. 덥다.

벌

진제완

오늘 동네에서 많이 놀고 그리고 동생하고 동생 친구가 와서 내보고 감을 따 돌라고 했다 그래서 감을 따 주었다. 그리고 집에 와서 동생하고 놀았다. 계속 놀다가 어머니께서 숙제를 하라고 카셨다. 그래서 나는 숙제를 할라고 캤는데 원래는 여섯 시가 되기 전에 숙제와 일기를 다 마쳐야 되는데 안 마쳐서 어머니한테 손바닥을 빗자루에 쎄게 맞았다.

그리고 맞다가 어머니께서 너는 난중에 엉덩이에 불타작이 나도록 아버지한테 맞으니까 내한테 맞을 자격이 없다.

나는 노는 게 너무 재미가 좋아서 매일매일 어머니와 약속을 안 지켜서 오늘 맞았는 거다. 이제부터는 숙제를 다 하고 놀아야지.

(6시 24분→7시 18분)

• • •

1996년 7월 8일 월요일. 맑고 시원했다.

상장 받은 일

이현아

학교에서 4시간에 '우리 마음' 모둠이 별을 여섯 개 받았다. 선생님이 칠판에 썼다. 그래서 우리가 상장을 받았다. 우리가 왜 상장을 받았느냐면 민정이하고 내하고 태근이하고 종위하고 모둠 활동을 잘해 가주고 상장을 받았다. 누가 받았냐면 내하고 종위하고 태근이하고 민정이하고 받았다.

기분이 좋았다. 우리는 다음에도 모둠 활동을 잘해서 상장을 또 받자고 했다. 화이팅도 했다.

1996년 10월 5일 토요일. 덥고 춥다.

심부름

진제완

내 방에서 공부를 하고 있는데 어머니께서 심부름을 시키셨다. 천 원을 주시고 며르치 액젓을 사 오라고 하셨다. 그래서 사 왔는데 어머니께서 또 심부름을 좀 하라고 하셨다.

"뭐를 사 올까요?"

"오뎅 사 와라."

"내 갔다 올게요."

집에 오니까 어머니께서 심부름을 잘 했다고 칭찬을 해 주셨다. 그래서 기분이 좋았다. (6시→6시 35분)

어른들을 비판한 이야기

1학년도 가끔 비판하는 글을 쓴다. 자기와 직접 관계 없는 일인데도 어떤 문제나 잘못에 대해 비판하는 일기를 쓰기도 한다.

• • •

1996년 11월 13일 수요일. 맑음.
목욕탕과 우유

성진아

학원 마치고 집에 오니 어머니가 어디 가는 것 같았다. 그래서 내가

"어디 가?"

카자

"목욕탕."

카자 어머니가 놀러 가라고 했다. 그래서 내가

"나도 갈래."

완행을 타고 학원 목욕탕에서 내려서 슈퍼에 가서 우유를 사서 목욕탕에 가서 옷을 벗고 목욕탕 안으로 들어왔다. 비누로 몸을 닦고 탕 안으로 들어왔다. 몸을 불리고 나와서 때를 밀고 또 뜨거운 물에 들어갔다. 들어가니 뜨거워서 밖으로 들랑거렸다.

우유 사 왔은 것을 먹고 어머니가 반틈은 먹지 마라고 했다. 우리 어머니는 우유를 사서 먹지는 않고 우유를 몸에 붙인다. 나는 그게

이상하다. 우유가 닦여 나와 버려서 없어지는데 아깝게 왜 붙이는지 모르겠다. (7시→8시)

• • •

1996년 11월 15일 금요일. 맑음.
벌

성진아

우리는 둘째 시간 되기 전에 양호 선생님이 와서 기본 접종을 선생님과 말을 하고 있는데 우리가 떠들었다. 그런터 양호 선생님이 기본은 안 맞혀 준다고 하고 추가 주사인 정민이와 병화가 주사를 맞으로 갔다.

그런데 선생님이
"손님 왔을 때 조용했나?"
카자 우리는
"아니오."
카자 그러면 벌을 받아야 되겠다 카면서 우리는 앞으로 나란히를 했다.
'나도 떠들었으니 벌을 받아야 해.'
카고 생각을 했다.

처음에는 여기서도 웃고 저기서도 웃었는데 동현이가 벌 받으면서 웃어서 선생님도 웃었다. 그런데 나는 입으로는 웃었지만 생각은 안 웃었다. 왜냐면 팔이 뿌라지는 줄 알았다. 원영이는 웃다가 우는 것 같고 웃다가 우는 것 같고 힘이 들었다.

나는 생각을 했다. 팔이 아프고 한데 그만 하라고 말하지 않으시

고 자꾸 뭐라뭐라 말만 하셨다. 우리가 팔이 얼마나 아픈지 모르는
것 같다. 나중에 오래 되어서 그만 하라고 했다. (7시→7시40분)

• • •

1996년 11월 8일 금요일. 맑음.
과자

정창인

나는 저녁에 로보트를 만지고 있는데 아버지께서 오셨다.
"아버지, 과자는?"
"그래, 여기 있다."
나는 과자를 꺼냈다.
"어, 아버지, 씨리얼은?"
"없더라. 씨리얼이 뭔지 알아야지."
"그리고, 아버지 음료수는?"
"앗, 빠자 묵었다."
"괜찮아."
나는 과자를 먹었다. 과자가 참 맛있었다. 아버지는 어제 내한테
과자와 음료수를 사 주기로 한 약속을 지켰다. 음료수는 안 사서 덜
지켰지만 그래도 잘 지켰다. 어른들은 약속도 안 지키는데 우리 아
버지는 약속을 지켰다. (8시 15분→8시 50분)

어려운 사람 도와 준 이야기

1학년은 대개 자기 중심으로 생각하지만 남을 도와 주기도 잘 한다. 아무런 보상이나 대가도 생각하지 않고 잘 도운다.

도운 일은 누구에게라도 자랑을 하고 싶은 일이니까 당연히 일깃거리가 된다. 그렇지만 어떤 보상이나 대가를 바라지 않고 한 작은 도움들이라 놓치는 수가 더 많다.

* * *

1996년 12월 2일 월요일. 아침에는 많이 추웠으나 낮에는 따뜻하다.

읽기 시험

이현아

나는 오늘 둘째 시간에 학교에서 읽기 시험을 하였다. 3분단 2분단 1분단하고 같이 하였다. 먼저 기영이부터 읽기 88쪽을 읽었다. 그런데 기영이가 이상하게 읽었다. 뭐가 이상하냐면 글자 받침을 뒤로 이사 가게 해서 읽지 않고 써 있는 그대로 읽었다. 울었다에서 ㄹ이 이사를 가서 우렀다로 읽어야 하는데 글자가 써 있는 대로 읽어서 그래서 이상했다.

그 다음에는 내 차례였다. 내가 다 읽고 난 뒤에는 계속계속 차례로 올라갔다. 이제는 희영이가 읽기 88쪽을 읽는데 소리가 너무 작았다. 나는 희영이가 소리를 크게 읽는지 알았는데 그게 아니었다. 선생님께서

"희영아, 소리 좀 크게 해라."

그래서 또 희영이가 다시 읽었다. 드디어 희영이가 소리를 크게 읽었다. 희영이가 소리를 크게 읽는 걸 보니 나도 모르게 기분이 좋았다.

희영이가 다 한 뒤에는 은애가 읽었다. 은애도 희영이처럼 소리가 너무 작았다. 나는 은애가 빨리 소리가 컸으면 좋겠다. 나는 소리가 작은 사람한테는 소리 좀 커라고 응원을 한다.

은애는 착하고 얼굴이 예쁜데 소리가 작아서 안 되겠다. 은애는 그치만 희영이보다는 조금 소리가 컸다. 은애는 따옴표가 있는 곳에는 진짜 말 같지는 않았다.

정민이는 발표할 때는 뭐만 드가면 "네 네." 하더니 읽을 때는 "네."도 하지 않고 읽었다. 정민이는 소리가 조금은 컸고 똑똑하게 잘 읽었다. (12시→12시35분)

• • •

1996년 12월 16일 월요일. 맑고 춥다.
청소

배선영

나는 밥을 다 먹고 1분단 청소를 도와 주었다. 왜 도와 주었느냐 하면 1분단에서 두 사람이나 결석을 해서 도와 주었다. 청소를 하는데 1분단은 자기가 하는 일을 잘 모르는 것 같았다. 왜냐면 선생님이 이거 해라 저거 해라 말을 해야지 한다.

우리 3분단은 누가 뭐를 하는지 다 정해 있기 때문에 좋은데.

1996년 11월 14일 목요일. 맑고 더웠다.

무거운 보따리

장경철

오늘 학교에서 맛있게 점심을 먹고 집으로 돌아올 때 택시가 왔다. 택시에서 아주머니가 내려서 택시 트렁크에서 물건을 꺼냈다. 아주머니가 내보고 봉지 쫌 들어 달라고 했다. 봉지가 무거웠다. 그래도 나는 아주머니 집까지 들어다 주었다. 아주더니께서 나보고 "아이고 착하다."라고 하셨다. 그래서 나는 기분이 좋았다.

(7시→7시 38분)

고마웠던 이야기

아이들 세계에서 큰 고마움이란 없다. 아이들은 그저 학용품을 빌려 쓰거나 과자 하나 얻어먹은 일에 고마움을 느낀다. 어른이 봐서는 너무 작디작은 일이다. 자기 또래들 사이에는 더욱 그렇다. 그래 부모님이나 선생님에게 고마워하는 마음을 가지라고 하는 따위는 아이들에게 큰 설득력이 없다. 부모님이나 선생님에게 고마워하는 마음도 찬찬히 이치를 따져서 갖는 게 아니라 그때그때 작은 일에 따라서 느끼면서 고마워한다.

• • •

1996년 11월 19일 화요일. 아침에는 추웠으나 낮에는 맑고 더웠다.
바람개비 만들 준비를 못 했는 일

정창인

나는 아침에 모르고 돈 십 원도 안 가져갔다. 제일 문구사에 도착했다. 우리 반 아이들이 문구사에서 바람개비 만들 걸 샀다.
"아참, 바람개비 만들 준비해야지."
그런데 돈이 한 푼도 없었다.
"이거, 큰일이네……."
나는 힘없이 학교로 갔다. 그런데 근구가 바람개비를 빌려 줬다. 정말로 고맙게 생각했다. 이제부터 그런 일은 없어야겠다.

(8시 55분→9시 23분)

1996년 12월 12일 목요일. 맑고 낮에는 많이 더웠다.

고마운 민정이

이현아

나는 오늘 학교에 갔다 온 뒤에 가방을 벗고 막 바로 민정이 집에 갔다. 민정이 집에 가니까 민정이하고 민지하고 할머니하고 있었다.

민정이 집에는 과자가 많았다. 그런데 내가 그냥 과자를 봤는데 민정이가

"현아야 오렌지 맛 과자 줄까?"

"응, 딱 하나만."

나는 민정이한테 하나만 달라고 캤는데 민정이는 여섯 개나 과자를 줬다. 내가 얼마나 고마웠는지 모른다. 나는 천천히 과자를 먹었다. 민정이에게 고맙다고 말을 했다. 열 번 백 번 말해도 된다. 그래도 나는 한 번 고맙다고 말했다. (7시 5분→8시)

• • •

1996년 9월 12일 목요일. 맑고 더웠다.

선생님이 주신 기념품

장경철

오늘 셋째 시간 때 선생님께서 "너희들에게 기념품을 주겠다." 하면서 기념품을 주셨다. 뭐가 기념품이냐면 여름 방학 때 중국 갔다 와서 가지고 오신 비행기표다. 기념품에는 비행기가 그려 있었다.

나는 아주 좋았다. 왜냐면 어떤 아이는 비행기가 없는 것을 받았다. 아버지에게 자랑을 하니 그거는 비행기표가 아니고 중국 돈이

라고 하셨다. 나는 아니래요 하니까 아버지가 웃었다. 나는 아버지가 왜 웃는지 모르겠다. 나는 선생님이 우리에게 기념품을 주어서 너무 고맙다. 선생님 고맙습니다. 기념품을 주어서 고맙습니다.

● ● ●

1996년 12월 4일 수요일. 아침에는 추웠으나 낮에 오후에는 조금만 추웠다.

오뚝이

이현아

오늘 학교에서 동무들과 아침에 오뚝이를 만들었다. 아침에 선생님께서

"풍선에 색종이를 다 붙여요."

케서 우리들은 예하고 말하면서 이제 붙이기를 시작했다. 먼저 풍선을 불어 놓고 풍선 꼭지를 묶으고 붙였다. 그리고 붙일 때 색종이를 조금 오려서 붙인다. 또 색종이를 더덕더덕해서 붙이면 안 된다.

나는 풍선을 2개 가져왔는데 한 개는 터지고 또 한 개가 터졌다. 그래서 동현이 짝꿍 민정이한테 빌렸다.

성진아는 이제 오뚝이를 완성이다. 내가 진아보고

"성진아, 내 좀 도와 줄래?"

"그래, 도와 줄게."

내가 보니 진아는 오리는 것이 잘 오리고 또 붙이는 것도 잘 붙인다. 나는 이렇게 생각을 하였다.

'나도 진아처럼 오리는 것도 잘 오리고 붙이는 것도 잘 붙였으면 좋겠다.' 하고 생각하였다.

진아가

"현아야, 나는 오리는 것만 할게 니는 붙이기만 해라."

"그래 알았다."

나도 보니 알록달록하게 색종이를 잘 붙이는 것이었다. 내가 진아보고

"진아야, 내가 박사제?"

"야, 니가 박사면 나는 똑똑하고 미녀다."

오뚝이가 이제 완성이다. 진아가 내가 다 만들기까지 계속 나를 도와 주었다. 진아가 얼마나 고마운지 나는 진아하고 친하게 지낼 것이다.

동생 이야기

아이들은 바로 아래 동생하고 아주 잘 싸운다. 가장 가까이 있는 사람이니까 그럴 수밖에 없다. 한두 살 차이는 동생이 아니라 동무다. 학교에서 동무들과 싸움을 지긋이 지켜 봐야 하듯이 집에서도 동생과 언니라고 생각하지 말고 동무들끼리의 싸움이라고 생각하고 그냥 넘겨 버릴 수 있어야 한다. 그래야 정말 친한 언니와 동생 사이가 된다. 정 야단을 쳐야 할 때가 있으면 심판관이 되지 말고 동생에게 언니 말을 잘 들으라고 하는 편이 좋을 듯싶다. 그래야만 부모님이 없을 때 언니는 동생을 동생으로 돌보고 동생은 언니를 언니로 따른다.

• • •

1996년 11월 11일 월요일. 아침에는 추웠으나 낮에는 조금 추웠다.

놀이 하기

김민정

학교에 갔다 와서 동생과 놀이를 했다. 친구 놀이를 다 하고 우리 나라라는 공책에 있는 걸 만들기를 했다. 게임 하는 놀이이다.

먼저 주사위를 만들고 네모 칸에 깡통과 콜라병에 그려져 있었다. 그 종이는 다섯 장씩 있었다. 동생은 콜라 종이를 하고 나는 깡통 종이를 했다.

동그라미는 1개, 2개, 3개, 4개, 5개, 6개가 그려져 있었다. 무슨 동그라미냐면 주사위에 있는 거다. 먼저 쓸 때 숫자는 생각이 안 난다. 그래서 안 쓴다.

뭐 어떻게 하는 거냐면 쓰레기 처리하는 그림이 있는데 주사위를 던져서 그 수만큼 깡통 그림이나 콜라 그림을 차례차례 가면 된다.

동생이 졌을 때는 우는 척을 했다. 나는 처음에는 진짜 우는 줄 알았다. 알고 보니 가짜로 울었는 것이다. 나는 이런 생각이 들었다.

"지만 이길라고 우는 척하는데 한 번 봐 조야지."

하면서 내가 말을 했다. 내가 졌을 때도 민지와 똑같이 했다. 민지는 내가 그랬을 때 이런 생각을 했을 거다.

"언니야만 이길라고 한대."

그렇게 했을 것이다. (6시 5분→7시 15분)

• • •

1996년 11월 28일 금요일. 아침에서 낮에도 춥다.

오락기

김민화

오늘 학교를 끝내고 집에 와서 오락을 내 혼자서 했다. 그 때 내 동생이 오락기를 뺏어서 혼자서만 했다. 그래서 나는 때렸다. 왜 너 혼자서 하니 나는 널 시캐 주었는데 동생이 자꾸자꾸 울었다. 나는 자꾸자꾸 울어서 화가 나서 더욱더 울게 때렸다. 나는 내 동생이 자꾸 울어서 그냥 놔 두고 집에 들어가니까는 민우가 울음을 뚝 그쳤다. 그래서 나는 민우를 데리고 집에서 계속계속 오락기를 했다. 민우는 오락을 하지 않았다. (2시 20분→2시 50분)

1996년 7월 22일 월요일. 맑고 덥다.

동생

전유리나

나는 동생하고 놀았다. 노래도 불러 주고 책도 읽어 줬다. 나는 마음 속으로 나는 동생을 오늘 안 울릴 테야 하고 속으로 말을 했다. 나는 동생을 그만 울리고 말았다. 나는 또 속으로 동생을 울리는 사람이 어디 있나 하고 속으로 말을 했다. 나는 동생을 더 울리고 말았다. 나는 동생한테 챙피만 받았다. 나는 내 동생한테 노래를 다시 불러 줬다. 그러니까 동생이 안 울었다. 나는 동생한테 노래만 많이 하고 책 읽기는 한 번만 했다. 나는 동생하고 노는 게 힘든다.

자기의 소원 이야기

1학년들 소원은 오랜 고민 끝에 생기는 것이 아니다. 어떤 순간에 생긴다. 그 소원은 현실에서 아주 간단히 이루어질 것도 있지만 불가능한 소원이 더 많다. 끝없는 상상을 펼치는 1학년이니까 아주 자연스러운 일이다. 소원이 이루어지지 않는다고 실망하지도 않는다. 한 번 생각해 본 희망 사항일 뿐이다.

• • •

1996년 7월 24일 수요일. 맑음.
<u>로보트</u>

김태근

더웠다. 학원을 마치고 어머니랑 강경훈 집에 갔다. 강경훈하고 자전거 타고 놀다가 슈퍼에 진석이가 로봇 수사대 K캅스를 가지고 있었다. 나도 갖고 싶어서 어머니에게 졸랐다. 그런데 어머니께서 모레 사 주신다고 약속하셨다. 나는 지금이 모레면 좋겠다.

• • •

1996년 12월 15일 일요일. 맑음.
정승이는 내한테 진다

나은애

오늘 오후 생각이 났다. 학교에서 정승이가 나와 친구를 때리면서 내 머리카락을 잡아당긴 생각이 난다.

나는 학교에 가서 남자를 때릴 수 있는 힘이 있으면 좋겠다. 나는 남자들이 너무 싫다. 나는 정승이한테 이기는 힘이 생겼으면 좋겠다. 남자보다 힘이 더 쎄면 좋겠다. 나는 정승이에게 이기면 좋겠다. (5시 15분→5시 35분)

• • •

1996년 11월 25일 월요일. 맑고 보통이다.
선생님 놀이
이현아

오늘 저녁에 내 동생 애라하고 선생님 놀이를 하였다. 나는 선생님, 애라는 아이다. 필요 없는 공책을 구해서 놀이를 시작했다.

내가 공책에다 뭐를 썼다. 그건 ㄱ ㄴ ㄷ을 썼다. 애라가 하기 싫어서 내한테 막 졸랐다.

"언니야, 내 공부하기도 싫다."

"야, 꼭 공부를 해야 된다."

내가 이렇게 말을 하였다.

"알았다."

애라가 말을 하였다. 그리고 선생님 놀이 하다가 목이 무척 마르면 콜라를 먹으라고 얹어 놓았다. 그리고 받아쓰기도 하고 배울 것을 많이 했다.

나는 만약에 커서 선생님이 될 것이다. 왜냐면 때리는 걸 많이 하니까 그렇다. 그리고 선생님이 된다면 말을 안 들으면 엉덩이 세 찰을 때릴 것이다. 그건 내 마음이기 때문이니까 그렇다. 그래도 가르치는 게 힘들 걸 생각중이다. 선생님이 힘든 일을 가르쳐 주는 게 힘들다.

하지만 나는 선생님이 안 되더라도 유치원 선생님이 되고 말 꺼다.

● ● ●

1996년 10월 25일 토요일. 맑았으나 추웠다.
소원

김동현

오늘밤 나는 소원을 비었습니다. 그래서 어머니가 빨래도 하고 밥도 하고 힘이 들어서 힘이 들게 하지 마라고 소원을 비었습니다.

나는 소원이 또 하나 있습니다. 그래서 빌었습니다. 그거는 내가 거짓말을 못 하게 하겠다고 소원을 빌었습니다.

● ● ●

1996년 10월 8일 화요일. 아침에는 추웠으나 맑았다.
내 짝

진제완

내 짝은 나를 때리는 친구. 그래서 나는 내 짝이 밉다. 그런데 내한테 욕을 할 때도 있고 내보고 놀리고 연필로는 저번에 계속 찔러서 속이 상해 죽겠다. 그래서 짝을 바꾸고 싶다. 선생님 내 짝을 바꾸어 주세요. 내 짝을 바꾸면 기분이 좋겠다. 그런데 오늘은 안 때렸다. 그래서 오늘은 울음을 안 터뜨렸다.

(11시 50분→12시 20분)

• • •

1996년 7월 30일 화요일.

고모

나은애

오늘은 낮에 고모가 오셨다. 내일 밤에 포항으로 물놀이 가자고 하셨다. 우리 가족들은 모두들 찬성을 했다. 우리 어머니께서는 1일부터 휴가라시며 좋다고 하셨다.

"야! 신난다."

우리 가족 모두 다가 피서를 간다. 빨리 내일이 되었으면 좋겠다.

친척집 간 이야기

친척집 가는 일은 아이들을 들뜨게 한다. 오고 갈 때 보고 듣는 것도 많고 거기에서 배우는 것도 많다. 뿐만 아니라 되풀이되는 생활에서 벗어나 또 다른 세상을 보게 되는 기회도 된다.

그런데 부모들은 아이를 학교에 꼭 보내야 한다는 생각으로 이웃집에 아이를 맡겨 놓고 친척집 잔치에 가는 경우가 흔히 있다. 크게 잘못하는 일이다. 할아버지 회갑 잔치에 못 가게 하면서 어찌 효 공부를 시키겠다는 말인지 이해가 가지 않는다. 학교 교육을 믿지 못해서 학원에 보낼 때는 언제고, 학교 교육이 마치 도깨비 방망이라도 되는 양 이렇듯 무조건 믿는 것은 또 어찌된 영문인지 모르겠다. 여기 실어 놓은 친척집 간 이야기도 방학이 아니면 토요일, 일요일이다.

친척집에 간 이야기는 일기로 자세히 잘 쓰지는 못한다. 달라진 환경이나 분위기 때문에 차분히 쓰기가 쉽지 않아서 그렇다.

● ● ●

1996년 9월 28일 토요일. 시원하다.
외갓집

진제완

오늘 아버지와 어머니와 나와 동생과 함께 외갓집에 갔다. 외갓집에 외갓집 식구들이 다 모였다. 나는 외갓집에서 노는데 동생이 외삼촌이 개구리를 만든다고 그랬다. 그래서 나는 외삼촌이 있는 데로 달려갔다. 그런데 아직 만들고 있었다. 한참 있으니 개구리를 다 만들었다. 개구리 엉덩이를 때리면 펄쩍 뛴다.

(5시 20분→5시 40분)

• • •

1996년 8월 23일 토요일. 맑음.

김동현

오늘 외할머니 집에 갔다. 그리고 현준이가 있었다. 그런데 밥 먹는 시간인데 현준이가 밥을 손 갖고 주먹밥을 만들었다. 그런데 너무 더러웠다. 고추 만진 손 갖고 주먹밥을 만들어 더러 죽겠다. 그런데 집에 왔다. 그런데 너무 아팠습니다. 그런데 택시는 돈을 많이 줘야 되는데 돈이 모자랐습니다. 그런데 음료수가 먹고 싶었습니다. 그런데 어머니가 몬 사게 했습니다. 버스가 왔습니다. 그러나 슈퍼에 가서 음료수를 사고 집으로 왔습니다. 그러나 콜라를 갈라 먹었습니다.

• • •

1996년 10월 20일 일요일. 맑고 더웠다.
할머니 댁

장경철

오늘 식구들과 함께 아버지 차를 타고 할머니 댁에 갔다. 그리고 할머니 댁에 있는 감을 땄다. 감을 딸라고 할머니 댁에 있는 지붕에 올라가서 난리 굿을 했다. 그리고 고모할머니가 오신다고 해서 아버지하고 내하고 고모할머니를 데리로 가니까 할아버지가 차를 운전하고 갔다. 그리고 아버지는 고모할머니 고모할아버지한테 인사를 하고 우리가 앞에 갔다. 왜냐 하면 고모할아버지는 할머니 댁을 잘 몰라서다. 고모할아버지는 노끈, 테이프, 칼믹스를 사 가지고 오셨다. 그리고 고모할머니가 3천 원을 주고 여관 아줌마가 만 원을 주셨다. 그래서 나는 부자가 되었다. (7시→7시 40분)

아버지 일터 찾아간 이야기

우리 반은 부모님 일터 찾아가는 공부를 하고 있다. 일 년 가운데 언제라도 식구들과 의논해서 날짜를 잡으면 그 날은 학교에 오지 않아도 결석으로 치지 않는다. 아버지 일터를 찾아가기로 한 바로 앞날 반 아이들 앞에서 좋은 공부를 하러 간다고 이야기를 하면 모두들 손뼉을 쳐 준다. 주로 일요일이나 방학 때를 잡지만 가끔은 평일을 잡는 집도 있다. 일터 찾아가기를 한 뒷날은 반 아이들 앞에 나와서 겪은 이야기를 해 주기로 약속되어 있다.

● ● ●

1996년 11월 12일 화요일. 춥도 안 하고 덥도 안 하다.
아버지 회사

김민정

오늘은 신나는 날이다. 학교에는 안 가고 아버지 회사에 갔다.

아버지 차에 있을 때 너무너무 지겨워서 아버지한테 이런 말을 했다.

"아버지 빨리 좀 갈 수 없어요. 네?"

"앞에 차가 안 가니까 빨리 못 가지."

조금 있다 도착했다. 회사는 그 전에 와 봤다. 아버지 회사에서 아침을 먹고 아버지가 작업복을 갈아입고 회사에 들어가 일을 시작했다.

위에는 동그랗고 밑에는 꼬불꼬불하였다. 거기에는 동그란 철사가 많이 올려 있었다. 작은 동그라미, 제일 작은 동그라미가 막막 섞여 있어서 철사가 꼬불꼬불하게 됐다. 또 지게차도 했다. 네모같이 생겼는 철사는 무거워서 지게차로 든다.

선생님이 이것이 공부라고 하는 말이 생각나서 자세히 보았다. 점심도 식당에서 먹었다.

퇴근할 시간이 되어서 퇴근을 했다. (9시 40분→10시 10분)

• • •

1996년 11월 10일 일요일. 맑음.
아버지 일터

이지선

오늘은 아버지 일터에 가는 숙제를 했다. 어젯밤어 이야기를 해서 오늘 아버지 일터에 간다고 말했다. 그래서 나는 기분이 좋았다. 아침 일곱 시에 집을 나섰다. 가니까 차가 와서 아버지가 운전을 하고 나는 옆에 타고 서울에 갔다. 서울에 가서 아버지가 의견을 하고 그게서 밥을 먹고 아버지가 그게서 일 좀 하다가 농심 회사로 갔다. 나는 어지러버서 빵 먹고 아이스크림 먹고 음료수 먹고 자고 있으니까 회사에 다 왔다. 나는 반장 자리에 앉아 있고 아버지는 회사복으로 갈아입고 있을 때 전화가 왔다. 내가 받았다.

여보세요. 여긴 회사인데요. 이중길 씨 있어요. 네 있는데요. 바까 주세요. 잠깐만 기다리세요. 아버지 전화 받으세요. 여보세요. 이중길인데요.

나는 아버지가 전화를 할 동안 영길이 삼촌한테 갔다. 천 원을 주었다. 천 원을 아버지에게 주고 아버지는 전화를 끊고 아버지 일터에 갔다. 오줌을 누고 싶어도 참으면서 봤다. 아버지가 농심 상자를 차에 싣고 힘이 들었다. 나는 자꾸 봤다.

점심때가 되어서 나는 화장실에 갔다. 그래서 밥을 먹고 회식을 안 한다고 해서 아버지 차를 타고 집에 왔다.

(7시 30분→8시 10분)

애완 동물 이야기

요즘은 집에서 애완용으로 동물을 기르는 집이 많다. 그래서 애완용으로 기르는 동물 이야기도 일기에 많이 나온다. 다른 사람은 어떻게 생각할지 몰라도 나는 애완 동물이라는 것은 살아 있는 동물을 노리갯감으로 삼는 일이라고 생각한다. 물론 동물을 식구처럼 사랑하고 아끼는 가운데서 목숨을 귀하게 여기는 마음이 어느 정도 생겨날지 모른다.

때때옷 입히고 머리에는 핀을 꽂아 주고 비싼 살코기 먹이면서 침대에 재우는 것이 정말 개를 사랑하는 것일까. 맘껏 들판을 뛰어다니게 하는 것이 개를 사랑하는 것일까. 과연 어느 것이 진정한 사랑인가. 아이들도 마찬가지다. 아이 귀를 뚫어 귀고리를 하게 하고 고운 옷 입혀 공주처럼 만들어 내보내는 일도 순전히 어른들이 자기 자신을 위해 아이들을 장난감으로 만드는 일은 아닌지 생각해 보자.

• • •

1996년 11월 29일 금요일. 맑음.
강아지

김태근

오늘은 학교를 일찍 마쳤다. 그래서 집에 돌아오니 어머니가 슬픈 이야기를 해 주셨다. 뭔 이야기가 슬픈 이야기냐면 규석이 개가 죽었다고 한다. 그 개는 슈퍼 집 할아버지 개가 물어 죽었다. 그 개는 우리 강아지 엄마이다.

　규석이가 개로 나를 자꾸 괴롭혀서 우리 개가 크면 혼내 줄라고 했는데 이젠 안 된다. 우리 강아지도 조심을 해야 되겠다.

　(7시 30분→7시 50분)

● ● ●

1996년 9월 24일 화요일. 맑고 더웠다.

금붕어

장경철

　우리 집에는 수족관이 있다. 수족관에는 금붕어가 다섯 마리 있다. 아빠 금붕어 엄마 금붕어 아기 금붕어가 있다. 그 중간 금붕어도 있다. 그리고 물레방아도 있고 가짜로 만들어 있는 풀도 있다. 그리고 꼴부리도 큰 게 아주 많다. 금붕어들은 배가 고프면 밥 달라고 입을 벌린다. 그래서 밥을 주면 금붕어가 다 먹고 배가 부르면 지느러미를 흔들면서 춤을 춘다.

　금붕어는 이빨을 닦을 때는 돌을 입에 였다 뺐다 한다.

● ● ●

1996년 11월 20일 수요일. 맑고 더웠다.

다롱이

장경철

　우리 할아버지 집에서 재롱이가 새끼를 낳았다. 할아버지가 전화를 해서 알았다. 어머니가 그랬다. 나는 기뻐서 좋다고 웃었다. 우리 할아버지 집에 가면 개, 소, 닭, 토끼가 있다. 그 중에서 내 강아지 재롱이가 있다. 재롱이가 새끼를 낳아서 나는 재롱이의 새끼를 보고 다롱이라고 부를 꺼다. 나는 다롱이를 한 번도 못 봤다. 다롱이가 어떻게 생겼는지 모르지만 난중에 할아버지 집에 가서 보자.

(1시 30분→2시)

• • •

1997년 1월 23일 목요일. 이제 눈이 조금 있는데 눈이 얼었다. 그리고 큰 다라이와 작은 다라이에는 얼음이 많이 얼어 있다. 그리고 바람이 엄청나게 많이 불어서 많이 춥다. 그리고 이제 산에도 눈이 별르 없다.
　새끼강아지

진제완

　오늘 나와 내 동생이 새끼강아지를 데리고 놀았다. 그런데 새끼강아지가 내가 안을 때는 안 울고 동생이 안을 때는 울었다. 그래서 내가 계속 데리고 있었다. 그런데 바깥에 있어서 강아지가 춥다고 울었다. 그래서 내 방으로 데리고 왔다. 데리고 와서 이불을 덮어 주고 만지면서 놀았다. 그런데 배가 고파서 울었다. 그래서 어미한테 주고 다른 강아지를 가지고 놀았다. 그런데 개비튼 내가 나서 어미한테 놔 두고 집 안에 들어갔다. (5시 10분→6시 3분)

소리 듣고 쓴 글

흔하지는 않지만 무슨 소리를 들은 것도 쓸 거리가 된다. 소리를 들어 보고 일기를 써 보라는 말을 해 주어도 좋겠다. 여기에 실린 글은 내가 그런 일기를 써 보자고 해서 쓴 일기가 아니다.

만약 어떤 소리를 듣고 글을 쓰는 숙제를 내고 싶으면 미리 교실에서 소리나는 대로 듣는 공부를 한 뒤에 하면 좋겠다. 창문을 열고 교실 밖에서 우는 매미 소리를 듣고 나름대로 써 보게 하는 시간을 가질 수 있을 것이다. 그렇게 해 보면 매미는 맴맴 울지 않는다는 사실을 곧 알아차린다.

● ● ●

1996년 11월 3일. 맑음.
귀뚜라미 울음소리 듣기

전유리나

오늘 나는 뭐를 했냐면 귀뚜라미 울음소리를 들었다. 누구하고 들었냐면 은애집 앞에 가게가 있는데 거기 앞에 보면 대문이 있는데 거기에 언니하고 언니 동생 두 명하고 같이 들었다.

귀뚜라미를 들었기만 들었는 게 아니고 봤기도 했다. 귀뚜라미 몸하고는 잘 안 보였다. 그리고 귀뚜라미 소리가 어떻게 되었냐면 귀뚤귀뚤이 아니고 음음음 하고 소리가 났다.

입으로 소리내어서는 잘 되는데 써 보니까 이상하게 되었다.

1996년 11월 18일 월요일. 맑음.

홀라후프

전유리나

오늘 집에서 숙제를 다 하고 방 청소를 했다. 방 청소를 다 하고 홀라후프를 건드리니까 홀라후프 안에 있는 구슬이 뱅글뱅글 돌아가며 구슬이 뚝뚜르 소리를 내면서 떨어졌다.

뱅글뱅글 돌아갈 때 구슬 표시가 나와야 하는데 안 나오고 그냥 뱅글뱅글하다가 뚝 떨어지면 보인다.

내가 딱 한 번만 건드려 봤다. 그리고 귀를 막고 들어 보니 이런 소리가 났다. 찌글찌글 하는 소리가 났다. 또 들어 보니 이번에는 찌글찌글이 아니고 비슷하지만 다른 소리가 났다.

(6시→6시 32분)

선생님 이야기

선생님과 늘 같이 살아가니까 선생님에 대해서 많이 쓸 것 같지만 그렇지 않다. 아주 잘해 주었을 때 아니면 서운했을 때 가끔씩 쓴다.

• • •

1996년 9월 24일 화요일. 맑음.

선생님

정창인

오늘 선생님이 이상한 아침 자습을 냈다. 나는 학교에서 아침에 놀다가 선생님이 아침 자습을 하자고 했다. 오늘 아침 자습은 벽돌을 두 개씩 방송실 쪼금만 옆으로 가면 하얀 의자 옆에 벽돌을 나르기였다.

나는 어서 실내화를 안 신고 벽돌을 가지로 나갔다. 왜 실내화를 못 신고 갔느냐면 우리 어머니가 집에서 버려서 할 수 없이 그냥 갔다.

"앗 따거!"

모래 때문에 따가웠다. 나는 따가운 걸 참고 두 번이나 벽돌을 두 개씩 갖다 놓고 와서 오늘 아침 자습을 다 했다. 오늘 아침 자습은 이상한 아침 자습이다. (7시 10분→7시 50분)

1996년 12월 7일 토요일. 굉장히 추웠다.

선생님

전유리나

오늘 학교에서 선생님이 내 손톱을 깎아 주셨다. 그리고 손이 왜 이렇게 찹노? 하고 말씀하셨다. 선생님은 손이 따뜻했다. 어른 손이라서 따뜻하다는 생각을 했다.

이제 내 손톱을 다 깎았고 내가 뒤를 보니 선영이가 왔다. 선영이는 코가 빨갛게 변했다.

선생님이 선영이 코가 딸기코가 되었다고 하시면서 선영이 손을 잡았다. 그리고는 선영이 손을 잡고 또 손톱을 깎았다. 선영이는 손톱 없어요 하고 말했다. 선영이 코가 왜 빨갛노 하면 추워서 빨갛다. 내 자리에서 책을 꺼낼 때도 톡톡 소리가 났다.

(3시 15분→3시 55분)

• • •

1996년 12월 2일 월요일. 아침에는 많이 추웠으나 낮에는 따뜻했다.

선생님

나은애

오늘 첫째 시간 시작할 때 우유를 난로 위에 얹어 놓고 공부를 했다. 공부를 하고 있는데 우리 반에 누구가 이렇게 말을 했다. 어어 난로 밑에 우유 흐른다. 그러니까 선생님이 따뜻하게 했는 것을 다 돌려주었다. 터졌는 것은 누구 것이냐 하면 진호 것이다.

그런데 선생님께서 진호 우유를 내 책상에 놓았다. 나는 진호에게 이렇게 말하였다. 손진호 이거 니가 닦아라. 진호는 휴지로 책상을 닦았다. 덜 닦았는데도 안 닦아 주었다. 나는 이제 이렇게 말을 했다. 야 닦갈래? 안 닦갈래? 이런 말을 했다. 진호는 안 닦았다. 선생님 때문에 내 책상을 다 배렸다. 나도 안 닦았다. 왜 안 닦았냐면 햇빛이 말려 주기 때문이다.

학교 오가는 길에서 있었던 이야기

학교에 오가면서 아이들은 많은 것을 보고 듣고 겪으면서 큰다. 부풀려서 자랑도 하고, 터무니없는 거짓말도 하고, 죄 없는 아이를 도마위에 올려 트집을 잡기도 한다. 이야기만 하는 게 아니다. 가방을 한곳에 모아 두고 제기 차기도 하고 편편한 곳에서는 편을 갈라 오징어놀이며 축구 경기도 벌인다. 고학년은 괜히 동생들 싸움을 붙이기도한다. 가위바위보를 해서 가방 들어 주기, 업어 주기 별별 일이 학교오가는 길에서 벌어진다. 학교에 오갈 때 있었던 일들은 커서도 아름다운 추억으로 남는다.

그런데 요즘은 등하교 길이 없어졌다. 웬만한 거리는 버스를 타고다닌다. 심지어는 아침 저녁으로 어머니가 승용차로 학교에 모셔다주고, 모셔 오고 그런다. 학원도 통학 버스로 오간다. 그래서 학교를오가며 있었던 이야기가 거의 사라지고 있다. 참으로 안타까운 일이다.

• • •

1996년 11월 12일. 맑음.
벌

전유리나
오늘 민화하고 내하고 민화 집으로 가고 있는데 벌이 벽에 붙어있었다. 내하고 민화하고는 벌을 자세히 살펴보았다. 민화는 벌을 보고 이렇게 말했다.

"참 우스운 벌도 봤다."

하고 말하고 내가 말했다.

"파리 같이 생기지 않았니?

하고 내가 말했다. 근데 이상하게도 벌 침이 안 보였다.

벌 눈이 커다랗고 날개가 부스럭부스럭하고 소리가 났다.

"그런데 원래는 벌이 눈이 작아야 하는데 웬 벌이 눈이 커다랗지?"

민화한테 이렇게 말했다.

"민화야 이제 그만 가자."

하고 말했다. 민화가 조금 더 있다가 가자고 말했다. 조금 있다가 민화가 이렇게 말했다.

"야 이제 그만 가자."

그래서 민화와 내하고 민화 집으로 갔다.

• • •

1996년 11월 18일 월요일. 맑음.

물 퍼 내기 진흙 파내기

김민화

오늘 학교 다 마치고 논길로 걸어오는데 세훈이랑 병준이랑 나랑 걸어가는데 진흙과 물과 섞여 있었다. 그래서 그것을 우리는 진흙은 돌에 놓고 물은 커다란 구멍을 파서 물을 거기에 넣었다. 너무너무 재미있었다. 우리들은 일하는 것같이 힘들었다.

1996년 10월 5일 토요일. 맑음.
벼 세아리기

성진아

나는 학교를 마치고 집에 오는 길에 논에 들어가서 벼를 따서 세아려 보니 58개였다. 세다가 잊어서 또 세고 했다. 넘어질까 봐 벼 이삭을 보다가 땅을 보다가 앞을 보다가 했다. 그래도 자꾸 넘어질 뻔했다. 그러고 보니 집에 다 왔는 것 같았다. 다 와 가는데 서서 강아지풀을 뜯어서 들고 왔는데 그 강아지풀이 지금은 어디에 있는지 모르겠다. 마당에서 내버렸지 싶다. (1시→1시 15분)

• • •

1996년 10월 9일 수. 아침에는 추웠으나 맑았다.
콧수염 만들기

손희영

나는 학교를 마치고 집으로 돌아오는 길에 콧수염 만들기를 했다. 처음에 내가 강아지풀을 뜯어서 힘을 주지 않고 가운데를 눌러 가며 살살 해 보니 안 되었다. 나는 다시 해 보았다. 그래서 집에 가지고 와서 어머니한테 조금만 도와 달라고 하였다.

어머니와 나 언니와 하니 너무 안 되었다.

그래서 옆집 인상이 어머니가 오셔서 도와 돌라고 하니 우리 집으로 가자고 했다.

그래서 인상이 어머니와 같이 해도 너무 안 되었다.

그런데 어쩌어쩌 하다가 되었다. 야호 콧수염이 되었다. 나는 이렇게 소리를 질렀다. (6시 30분→7시 45분)

눈으로 본 이야기

마음이 없으면 보아도 보이지 않는다. 몇 년 전에 우리 아이들에게 논에 있는 벼 이야기를 하는데 아이들이 전혀 모르고 있었다. 어떤 아이들은 벼가 무엇인지 모르고 있었다. 학교 둘레에 논이 있어서 담장 사이로도 볼 수 있는데 말이다. 또 한 번은 민들레 꽃대를 꺾어서 피리를 만들어 불었더니 그런 민들레가 어디에 있는지 가르쳐 달라고 난리다. 학교 잔디밭에 지천으로 피어 있는데 말이다. 학교 잔디밭에 제비꽃도 예쁘게 피어 있는데 거기에는 전혀 관심이 없다. 건성으로 봐서는 코 앞에 무엇이 있어도 그것이 거기에 있는지조차 알지 못한다.

이렇게 예사로 지나치는 버릇을 고쳐 주지 않고는 일기를 자세히 쓰게 할 수가 없다. 일기뿐만 아니라 공부고 놀이고 무엇이든 마음을 모아 하지 못한다.

자세히 살펴보는 버릇을 들이기 위한 첫걸음으로 돋보기를 늘 갖고 다니면서 살펴보도록 하면 효과가 있다. 맨눈으로 자세히 보는 것으로도 충분하지만 돋보기로 비춰보도록 하면 재미있어한다. 또 돋보기를 가지고 볼 때는 만지기도 하고 이리저리 옮겨 다니면서 본다. 무엇을 볼 때는 눈으로만 보지 말고 손으로 만지고, 머리로 궁리하면서 보아야 비로소 자세히 볼 수 있다.

• • •

1996년 9월 26일 목요일. 맑음.

보름달

성진아

나는 큰집에 와서 오락실에 갔다. 갔다 오니 날이 저물었다. 나는 마당에서 보름달을 쳐다보았다. 꼭 옥토끼 두 마리가 방아를 찧는 옛날 이야기를 생각했다. 진짜 그런 것 같고 아닌 것 같고 그렇다. 들어와서 일기를 쓰고 밥을 먹으라고 했다. (7시 20분→7시 40분)

• • •

1996년 10월 19일 토요일. 맑았다. 그리고 따뜻했다.

달

전유리나

저녁밥을 먹고 청소를 하고 쓰레기를 내버리려고 할 때 무슨 달이 환하게 비쳤다. 나는 그 달을 보고 이런 생각을 했다. 왜 추석도 아닌데 달을 봤을까? 하고 생각을 했다.

나는 쓰레기를 들고 계속 계속 이상한 달을 봤다. 내가 한참 보고 있다가 아 참 빨리 들어가야겠구나 하고 내가 말을 하고 빨리 들어왔다. (7시 30분→8시)

• • •

1996년 9월 13일 금요일. 맑음.

경찰 놀이

김보련

나는 학교를 마치고 샌들을 신고 계단 밑에 갔다. 끝 있는 데에서 여자 남자와 경찰 놀이를 하고 있었다. 나는 거기 다가가서 구경을 했다. 여자들이 뛰어다니는 걸 보고 여자는 도둑인지 쉽게 알 수 있었다. 남자는 여자를 잡고 있었다. 나는 그만 구경하고 집으로 왔다. (9시→9시 30분)

• • •

1996년 12월 1일 일요일. 아침에는 추웠으나 낮에는 쌀쌀하였다.
겨울 찾기

손희영

나는 오늘 어머니의 심부름을 하였다.

어젯밤에 눈이 와서 눈이 조금 쌓여 있었다. 우리 언니가 어디로 가고 있었다

그 언니는 내 앞에 있다. 나는 언니를 따라갔다. 언니 입에서 김 같은 게 나왔다. 그리고 언니 옷은 따뜻하게 보였다. 그리고 언니 신발은 따뜻한 부츠였다. 그리고 언니는 까만 색깔 장갑을 끼고 걸어갔다.

그리고 달려가서 빨리 어머니 심부름을 하였다.

• • •

1996년 12월 10일 화요일. 아침에는 추웠고 낮에는 따뜻했다.
서리 관찰

진제완

학교에서 서리를 살펴보려고 뒷산에 친구들과 선생님과 갔다. 거

기에는 해가 안 보여서 많이 추웠다. 그리고 땅에는 얼음과 진흙물이 있었다. 그리고 구덩이에도 진흙물이 있었다.

선생님한테 가 보니 선생님은 하마 돋보기로 서리를 살펴보고 있었다. 나는 선생님한테서 서리를 보았다. 그런데 서리는 애벌레 새끼 같았다. 그리고 서리는 차갑다.

나는 돋보기를 가지고 안 가서 섭섭했다.

(10시 30분→10시 55분)

• • •

1996년 11월 12일 화요일. 맑음.
119구조대

정창인

나는 저녁에 물을 먹으러 가려고 하는데 텔레비전을 보니깐 119 구조대가 벌써 시작했다. 나는 보니깐 웬 뱀이 누구 집 안으로 들어가는 걸 보았다. 나는 조금 무섭긴 하지만 에프킬라로 죽일 수 있겠다고 생각했다.

집 안에 있는 여자는 뱀을 보자 소리를 질렀다.

"까아악! 어머나."

뱀이 들어왔다.

"까아악!"

첫 번째는 누구 집에 전화를 하고 두 번째는 119 구조대한테 전화를 했다.

뭐 어쩌구저쩌구 하고 집 안에 뱀이 들어왔다고 소리를 지르고 했다. 119 구조대가 오자마자 집 안으로 들어가서 뱀을 찾았다. 근데 진짜 뱀이 있었다. 구조대는 뱀을 잡아서 밖에 내버리고 119구조대는 119로 갔다. 저런 일이 없으면 좋겠다.

1996년 10월 27일 일요일. 맑음.
가을 찾기

김민화

나는 오늘 교회 갔다 오고 나서 우리 밤나무에 가서 우리 어머니와 내 동생과 오빠와 모여서 밤나무를 보고 있는데 나는 밤나무에서 내 동생과 우리 밤나무에 가서 무카무카처럼 밤나무에서 뱅뱅 돌았다. 뱅뱅 돌다가 다시 우리 통나무 의자에 앉아서 곰곰이 생각을 해 보니 나는 여름에는 밤나무 이파리가 파랬는데 가을에는 이파리가 빨강색으로 변했는 거였다.

나는 밤이 떨어져서 그걸 주웠는데 가시에 찔려 아파서 나는 밤나무를 보고 밤나무는 왜? 가시가 있을까 하고 생각을 했다.

(5시 55분→6시 51분)

• • •

1996년 12월 5일 목요일. 아침에는 춥고 낮에도 추웠다.
감동적인 만화

정창인

나는 저녁에 만화를 봤다. 만화 제목은 지구의 용사 선가드였다. 계속 보다 보니 드라이어스라는 암흑 대왕과 그레이트 선가드라는 용사와 싸웠다. 그런데 암흑 대왕 드라이어스가 마음놓고 그레이트 선가드를 때렸다.

그 때 마침 그레이트 선가드에 친구가 왔다. 이름은 썬더바론과 슈퍼가디언이었다. 지구의 용사 그레이트 선가드한테 기운 차리는 광선을 발사했다. 그레이트 선가드가 기운을 차리자 드라이어스에게 발사했다.

드라이어스는 그 광선 발사했는 빔을 썬더바론과 슈퍼가디언한테 쳤다. 엄첨나게 쎘다. 썬더바론과 슈퍼가디언은 몸이 잘려 죽었다. 썬더바론과 슈퍼가디언은 남은 에너지를 그레이트 선가드한테 에너지를 주었다. 드라이어스에게 달려갔다. 드라이어스와 자폭을 했다. 그레이트 선가드와 친구들이 죽었다. 지구에 온몸을 바쳐 싸웠는 게 슬프다. 눈물이 나올라 그랬다. 정말 감동적인 만화였다.

* * *

1996년 11월 17일 일요일. 아침에는 추윘으나 낮에는 조금 춥다.
파리 살펴보기

김민정

아침에 이모 집에 갔다 와서 파리를 살펴보았다. 우리 방 책상 위에 파리가 가만히 앉아 있었다. 가방에서 돋보기를 꺼내어도 가만히 있었다. 먼저 발을 보았다. 발은 여섯 개고 발끝에는 삐죽한 게 세 개씩 있었다

날개는 비행기 날개처럼 생겼고 날개에 줄이 그어 있었다. 얼굴에는 눈이 커서 입만 보였다. 삐죽한 이가 두 개나 밑으로 나와 있었다.

몸은 날개가 덮여 있어서 안 보였다. 뒷다리를 비비다가 날개를 비볐다. 그게 재미있었다.

날개를 위로 비볐다가 발이 날개한테 걸렸다. 그런데 나도 모르는 사이에 발을 풀었다. (10시 20분→11시 20분)

• • •

1996년 9월 25일 수요일. 맑음.
무궁화

성진아

나는 어머니 때문에 저녁밥을 먹고 일기를 썼다. 일기를 쓸라고 하는데 밥을 먹으라고 해서이다. 오늘은 재미있게 놀았는 기 없었다. 아무리 생각해도 쓸 게 없었다. 그래서 나는 우리 마당에 있는 무궁화를 관찰하로 갔다. 준비물은 돋보기였다.

가서 너무 캄캄해서 후라쉬를 들고 갔다. 가서 관찰을 시작했다. 겉에는 잎이 분홍색이다가 안에는 조금 빨갛게 물들었는 것 같았고 그 다음은 빨간 거 옆에라고 치고 노란 게 부들부들하게 생겼다. 다 만져 보았다.

무궁화 잎은 조금 매끌매끌하고 자세히는 만져 보지 못하였다.

(7시 20분→7시 50분)